WALTER L. AGOSTO

El Último Día
De Tu Pasado

El último día de tu pasado

Primera Edición, 2009
©2009, Walter L. Agosto

Segunda Edición, 2024
©2024, Walter L. Agosto

Todos los Derechos Reservados

Prohibida la reproducción total y/o parcial, por cualquier medio, del contenido general, textos y material gráfico sin la debida autorización del autor.

Artistas Gráficos
Félix L. Agosto, Jr.
Alberto Rodríguez
Mario A. Gallegos

Impreso en Puerto Rico • Printed in Puerto Rico
Calle Santa María M4 273 Urb. Bairoa, Caguas, P.R.
walteragostobooks@gmail.com

Dedicatoria

A mi amada esposa Maritza, por ser de inspiración y de motivación a mi vida, por enseñarme que amar a Dios es servir al que nos necesita y por aprender de tu pasado, maximizando así las oportunidades divinas de tu presente. Estoy sentado en primera fila viendo cómo lo haces, con tu amor incondicional, creyendo en mí y en el llamado de Dios a mi vida. ¡TE AMO!

A mi amado primogénito Walter, eres el regalo de Dios que siempre había deseado, quiero vivir toda la vida viéndote progresar para ser todo lo que has soñado ser. ¡TE AMO!

A mi princesa Stephanie, mi amada hija, eres el tesoro que llevo guardado en el cofre de mi vida. ¡TE AMO!

A mis padres, bendita sea para siempre la memoria de mis padres, Félix Luis Agosto Romero y Martina (Tinita) Algarín Rivera, quienes ya descansan en el Señor. Es tanto lo que tengo que agradecerles. Mi padre me enseñó con su ejemplo a levantarme, a luchar y a caminar en pos de mi llamado, sin rendirme. Mi madre me enseñó a ver lo mejor en cada persona y en toda circunstancia ver lo positivo. Gracias Señor por concederme la bendición y el honor de que fueran mis padres. ¡Y como el amor nunca muere, siempre los amaré!

Contenido

INTRODUCCIÓN
Incompletos e Insatisfechos 9

CAPÍTULO I
¿Por qué pesa tu pasado?..................................21

CAPÍTULO II
Hablemos del perdón. ¿Qué es y cómo perdono?
....39

CAPÍTULO III
Emociones vs. Sentimientos..................................63

CAPÍTULO IV
Frente al espejo..................................75

CAPÍTULO V
Niveles de conciencia..................................85

CAPÍTULO VI
Dolor vs. Sufrimiento..................................101

CAPÍTULO VII
¡Perdona, aprende y suelta el resto!..................................119

CAPÍTULO VIII
Fuego y Cenizas……………......………………….135

CAPÍTULO IX
Apagando fuegos……………......…………………149

CAPÍTULO X
¡Tu bebé está muerto!……………......………………………159

CAPÍTULO XI
Ser tú mismo duele demasiado…………….......……………177

CAPÍTULO XII
Procesando tu dolor……………….......…………………189

CAPÍTULO XIII
¿Pérdida o siembra? Tú decides…………….......……………203

CAPÍTULO XIV
¡Se acabó la cuarentena!……………….......………………………221

CAPÍTULO XV
El último día de tu pasado…………….......………………..231

Agradecimientos Especiales…………………….......…………249

Referencias ……………………......……………………253

INTRODUCCIÓN

Incompletos e Insatisfechos

Introducción

Incompletos e Insatisfechos

¿Es con tu pasado que te sientes "incompleto e insatisfecho"? ¿Alguna vez has pensado en el pasado como una clase que tomaste en la universidad? ¿Has considerado alguna vez la importancia de reconciliarte con tu pasado y de visitarlo nuevamente en tu mente y en tu corazón? ¿Has considerado mirar tu pasado como esa experiencia fuerte y difícil que te enseñó a sobrevivir? Todo lo que hemos aprendido nos ha ayudado a enfrentarnos a futuras pruebas y a los retos de nuevas metas.

Cuando pensamos en nuestro desarrollo humano solo pensamos en cuatro etapas: infancia, niñez, adolescencia y juventud. Pero se nos olvida, o no lo hemos considerado, que la etapa prenatal es antes de la etapa infantil. Ni tan siquiera nos imaginamos desde cuándo estamos expuestos a elementos externos que luego serán parte de nuestra formación. Parte de lo que somos hoy guarda relación con lo que escuchamos y sentimos cuando estuvimos en el vientre de nuestra madre.

A partir de las doce semanas, aproximadamente, tu bebé ya puede oír sonidos y podrá reconocer tu voz. Ambos padres pueden establecer un vínculo con el bebé durante este período: cantándole, leyéndole o simplemente hablándole, diciéndole cuánto lo aman y cuánto lo están esperando. El nacimiento de mi hijo fue una de las experiencias que me hizo despertar y vivir consciente de la necesidad que tiene el ser humano de experimentar un desarrollo físico y emocional saludable.

Cuando llego a la habitación donde estaba mi esposa, ya con mi hijo en sus brazos, mi hijo me escucha hablar y comienza a mover su cabecita, buscándome. La enfermera me dice: "Él reconoce la voz de papá, pero ahora está buscando la cara de la voz".

Aprendí que el bebé tarda en coordinar sus sentidos de audición y visión entre las cuatro y seis semanas de haber nacido. Definitivamente, algo ocurrió o comenzó a ocurrir desde que escuchó mi voz. Parear y conectar lo que había escuchado en el vientre de su madre con mi rostro, mientras yo le hablaba, me abrió toda una ventana de interés a la necesidad emocional y al desarrollo humano de mi recién nacido.

Introducción

Gracias a Dios estuve allí cuando mi hijo nació. Comenzar el proceso de parear la voz con la cara fue básico y fundamental para el desarrollo saludable de mi bebé, bajo la sombra de su padre. Pero imagínate los niños que nacen escuchando una voz que nunca logran parear con algún rostro.

Muchas de las áreas débiles de nuestra personalidad y carácter vienen de necesidades no suplidas desde el momento en que nacimos.

La ausencia del padre en la vida de cualquier niño creará un vacío y una deficiencia que se reflejará en su carácter.

Es impresionante descubrir que la insatisfacción y el sentirnos incompletos puede ser un reflejo de lo que nunca recibimos en nuestra infancia. Vivimos en un mundo tan afanado que pensamos que hay otras cosas más importantes en qué pensar, pero no pensamos en ellas. Solo pensamos en el trabajo, en nuestros problemas. No pensamos en la raíz de nuestra formación. Tampoco pensamos en la raíz de nuestra queja interior y silenciosa, que proviene de un alma que se siente incompleta e insatisfecha.

Hay hijos sobrevivientes de hogares marcados por el divorcio que aún hoy, siendo adultos, viven sintiéndose culpables. Viven con esa predisposición a sentirse culpables cuando las cosas salen mal. Lamentablemente, las experiencias negativas son parte del desarrollo infantil (una regla general que no podemos negar). Los niños no nacen teniendo conocimiento de las reglas de los adultos. Cuando el niño hace algo incorrecto se le regaña, se le dice "no", y puede llegar el momento en que el niño asocie cada regaño, cada conflicto, cada pelea, con algo que él hizo mal.

Entonces, podemos entender el escenario y el contexto emocional de un niño cuando está en medio de sus padres, mientras ellos se pelean y, en los peores casos, cuando terminan en divorcio. La sensación de insatisfacción y de sentirnos incompletos, literalmente, nace cuando nos sentimos responsables de todas las cosas que salen mal, tanto las cosas que hacemos, como las cosas que hacen los que nos rodean. Esto no es nada liviano y es una realidad que está incubándose en cada adulto. Esa es una de las razones por las cuales nos sentimos incompletos e insatisfechos. Una generación de hijos sin padres, cargando en su genética emociones traumáticas de eventos que sufrieron sus antepasados, niños que fueron sexualmente abusados y aún no han resuelto el hecho de sentirse culpables, son algunas de las causas que contribuyen a que nos sintamos incompletos e insatisfechos. Puedo invertir en capítulos y hasta en un libro completo hablando sobre las vivencias que, de una forma u otra, han aportado a ser lo que somos.

Si alguna vez has pensado que los seres humanos no somos fáciles, la realidad es que no somos simples. Somos muy complejos. Muchos de nosotros sabemos más sobre la mecánica de un carro y sobre cómo arreglar o actualizar una computadora u optimizar un teléfono inteligente. Pero no sabemos nada acerca de cómo manejar las deficiencias de nuestra vida ni de lo que nos impide ser todo lo que podemos ser.

Te sorprenderá conocer personas exitosas en su desempeño social y empresarial. Son totalmente funcionales y productivas, pero con una sensación única e indescriptible de sentirse "incompletos e insatisfechos", aún después de obtener grandes éxitos en sus vidas. Obtenemos el tan esperado diploma, compramos nuestro primer carro o la primera casa, alcanzamos cosas y después de meditar en todo lo que nos costó obtener esos logros, nos preguntamos:

¿Por qué no me siento tan feliz como esperaba?
Aquí hay algo que necesitamos aprender.

Es interesante ver cómo las mismas experiencias que hemos tenido, alcanzando grandes logros, nos revelan el vacío y la sensación de insatisfacción todavía sin atender. De nuevo, somos expertos en muchas cosas, pero no sabemos cómo funcionamos nosotros, no conocemos la esencia de nuestro ser. Nos cuesta aprender la lección que nos llevará a amarnos a nosotros mismos, a perdonar y a perdonarnos, a reconciliarnos con nuestro pasado y a aprender a manejar nuestras emociones y sentimientos.

> *Somos expertos en muchas cosas, pero no sabemos cómo funcionamos nosotros, no conocemos la esencia de nuestro ser.*

No tenemos que ser psicólogos para aprender a relacionarnos con el dolor y el sufrimiento y con otras áreas de nuestras emociones. El hacerlo nos llevará a encontrar el camino de la libertad y a recibir sanidad abundante en todas las áreas de nuestra vida.

La vida se trata de propósito, misión y su cumplimiento. A través de las experiencias obtenidas en el cumplimiento de nuestro propósito y misión es que logramos interpretar y entender nuestra vida. Es como cuando leemos, interpretamos y entendemos un libro hasta lograr entender su mensaje central y su propósito. Enfrentamos la tentación de retroceder en el tiempo para cambiar muchas cosas y, de repente, nos percatamos de que, aún lo negativo, incluyendo las pérdidas dolorosas, nos han formado para ser lo que somos hoy.

No tienes que entenderlo todo ahora. Tampoco tienes que entenderlo todo mañana. Parte del propósito de la jornada de la vida es entrar en capítulos donde logremos entender las cosas que nos han tocado vivir. Lo que un día nos dio dolor, enojo y amargura, mañana, de esas vivencias, obtendremos la sabiduría para entender que todo tiene propósito. Podemos convertir las tinieblas en luz y contarles a otros que lo que hemos sufrido nos ha hecho fuertes y más humanos.

La vida puede ser como la misma experiencia del que está armando un rompecabezas, donde a veces no entiende la imagen, no sabe dónde van las piezas, pero poco a poco ellas van cayendo en su lugar. El sentirnos incompletos e insatisfechos es lo que experimentamos en el proceso cuando no sabemos dónde va cada pieza.

Cuando hablamos de reconciliarnos con el pasado significa aprender a relacionarnos con lo que no podemos cambiar. El día que logremos aprender la gran lección que el pasado nos quiso enseñar, ese día podremos decir que nos hemos reconciliado con nuestro pasado. La sensación de sentirnos incompletos e insatisfechos comenzará poco a poco a disiparse. Experimentamos estar incompletos e insatisfechos hasta que entendemos la diferencia entre lo que necesitamos y lo que deseamos en esta vida.

Es normal estar enfocados primero en lo que deseamos, pues no conocemos lo que nos conviene. No sabemos cómo funcionamos ni lo que necesitamos para crecer saludables, mantenernos sanos y ser libres. Muchos de nosotros aprendimos principios básicos de nutrición cuando llegamos a la edad adulta. Siendo jóvenes nos enfocamos en lo que deseamos, en vez de estar conscientes de lo que necesitamos.

> *El día que logremos aprender la gran lección que el pasado nos quiso enseñar, ese día podremos decir que nos hemos reconciliado con nuestro pasado.*

Cuando hablamos de necesidades emocionales que deben ser atendidas mientras crecemos en el hogar, nos referimos a aquellas que nos ayudan a descubrir el significado y el propósito en nuestra vida. Algunas de esas necesidades emocionales son: sentido de pertenencia, aceptación y reconocimiento, seguridad y protección, intimidad y conexión emocional, expresión emocional y autenticidad.

En muchos casos sufrimos debido a que nuestras necesidades emocionales básicas nunca fueron suplidas. Esto limitó e impidió el desarrollo de nuestro potencial y nuestras capacidades como individuos creados a imagen del Dios Todopoderoso.

Si en tu vida hay preguntas acerca de:

¿Por qué piensas como piensas?

¿Por qué interpretas la vida y reaccionas a tus circunstancias de la forma en que lo haces?

¿Por qué se te hace difícil entrar en cambios

positivos que te prosperan y traen adelantos a tu vida?

¿Por qué hoy tu pasado te pesa tanto que vives preso en un

estancamiento mental y emocional que no te deja ser libre?

¡¡ Este libro es para ti!!

Introducción

Claro está, te advierto que una vez lo leas sentirás que estoy hablando de ti y de situaciones confidenciales entre Dios y tú. Cualquier semejanza con las circunstancias, dilemas o conflictos internos expuestos en estas páginas es pura casualidad o causalidad.

Siempre ten en mente que las casualidades que ves, de primera intención, te llevarán a entender las causalidades orquestadas por Dios mismo en Su eterna y divina persecución de amor. Dios te alcanzará con Su presencia y te seducirá con Su amor eterno.

El último día de tu pasado, alegóricamente, no es un libro. Es mi corazón extendido para tomarte de la mano y llevarte por la jornada incierta y desconocida, pero necesaria, del perdón y de toda gestión de resolución personal e íntima. Ya es tu tiempo de volver a amar, a creer y a soñar para que des paso al último día de tu pasado.

CAPÍTULO I

¿Por qué pesa tu pasado?

CAPÍTULO I

CAPÍTULO I
¿Por qué pesa tu pasado?

Tu pasado es parte de tu historia, pero no es suficiente para definirte. Eres un estudiante y maestro al mismo tiempo. Tu pasado es el salón de clases donde aprendes, tu presente es el salón de clases donde enseñas.

Walter Agosto

"No os acordéis de las cosas pasadas, ni traigáis a memoria las cosas antiguas. He aquí que yo hago cosa nueva; pronto saldrá a luz; ¿no la conoceréis? Otra vez abriré camino en el desierto, y ríos en la soledad."
Isaías 43:18-19

"... pero una cosa hago: olvidando ciertamente lo que queda atrás, y extendiéndome a lo que está delante."
Filipenses 3:13

El pasado continúa afectando la forma de pensar de mucha gente. Ese pasado les estimula sus emociones, les fortalece los sentimientos tóxicos que les impide vivir la vida con todas sus bendiciones.

Vamos a darnos la oportunidad de aprender un poco acerca de la relación que hay entre nuestras emociones, nuestro proceso de aprendizaje y nuestra memoria. Las emociones juegan un papel sumamente importante en modular o codificar las cosas que recordamos y, superficialmente, olvidamos.

Somos capaces de recordar y volver a sentir dolor o alegría por cosas que sucedieron horas, días, meses o años atrás. Los eventos dolorosos y el volver a experimentar el dolor de estos eventos nos enseña que el pasado puede ser revivido cada vez que recordamos. Esa es la razón por la cual yo digo que el pasado pesa. Si miramos eventos específicos del pasado como un espacio real de aprendizaje y formación, podríamos transformar un evento de dolor en un evento de formación.

El presente es apenas una parada temporera en nuestra jornada del pasado al futuro.

Aprender a relacionarnos con el pasado es tan importante como entender que el presente es apenas una parada temporera en nuestra jornada del pasado al futuro. Donde estamos hoy tiene que ser estudiado y comprendido desde el contexto de donde estuvimos ayer.

CAPÍTULO I

Te pregunto: ¿Podrás trazar la relación que hay entre la forma en que ves la vida y lo que aprendiste y viviste en tu pasado? Ese momento de introspección necesitamos tenerlo una y otra vez.

En mi proceso de transformación, desde mi condición de obesidad, un día me detuve frente al espejo. Te podrás imaginar, una mezcla de emociones de frustración, de cansancio y de impotencia drenaban mis fuerzas. Me lanzaban al vacío y me dejaban caer como por las escaleras de mi pasado, preguntándome: ¿Como llegué a este lugar en mi vida?

Yo no sabía cómo manejar mi realidad. Vivía reaccionando y luchando con los síntomas y las manifestaciones de una raíz emocional que desconocía. No podía aceptar en paz mi realidad, mi condición. Mi ignorancia me tenía cautivo, dando golpes al aire en cada dieta, tratando de ser libre de una cautividad que yo no entendía. Por mi ignorancia me convertí en el mismo Ha-satán (nombre hebreo para adversario, de donde viene el nombre de Satanás), que muchas veces en oración reprendía cuando sentía la opresión interior de una hostilidad y una guerra que cada día consumía lo mejor de mí.

Peleaba conmigo mismo, frustrado con "Yo", porque dentro de mi interior había un sentido de culpabilidad. Me castigaba porque sabía que podía salir de esta situación y todavía a estas alturas de mi vida (60 años) no lo había logrado.

Cuando nos enteramos por el noticiero, en la televisión o en la radio, que sentencian a una persona a 25 o 50 años de cárcel, nos asombramos y decimos, "qué pena", pero a veces nos sentenciamos a nosotros mismos. Y yo estaba cumpliendo una condena de 38 años. Por ignorar cómo es que el ser humano procesa sus miedos, tenía una frustración sin identificar y eso me llevó al sobrepeso. La raíz de mi sobrepeso era la niebla mental ("brain fog") y la fatiga emocional. Te comparto mi experiencia de mi lucha contra el sobrepeso y posiblemente puedas ver algo que te ayude. Eso es lo que deseo.

Por cada libra de sobrepeso que cargaba, mis rodillas, mi espalda, mis pulmones, sufrían por el sobrepeso. Siendo una persona positiva y de buen ánimo, esto solo era temporero y superficial. Vivía en una lucha diaria por mantenerme enfocado en las cosas que tenía que terminar. Tenía muchas cosas incompletas en mi vida, hasta ideas en forma de sueños.

Todos necesitamos descubrir el porqué de los estudios, negocios y relaciones incompletas. En mi caso era el cansancio físico y emocional de mi sobrepeso físico. Estoy abriéndome contigo, aunque no soy un profesional de la salud, solo soy un ser humano como tú. Quiero que sepas cómo me sentía, cómo veía mi vida y qué hice para salir de una vida altamente desorganizada, llena de necesidad, sobre todo, de la necesidad de sanar desde mis emociones hasta mi cuerpo.

CAPÍTULO I

Así como hay sobrepeso físico, hay sobrepeso emocional. Descubrí que mi sobrepeso estaba aumentando, empeorando y perpetuándose por una condición llamada "enfermedad metabólica". Aprendí que gran parte de la raíz de mi condición era emocional. ¿Te imaginas no metabolizar emociones del pasado? (Siempre encontraremos paralelos entre lo físico y lo emocional, con respecto a los síntomas y la raíz de cualquier condición.)

Soy paciente bariátrico. Cuando me operaron extrajeron una calcificación de mi vesícula y cuando me enseñaron "aquella piedra", jamás pensé que algo así de grande y sólido estaba dentro de mi vesícula. Nunca tuve dolor alguno. La piedra fue detectada cuando me hicieron un sonograma abdominal. Medía 2.5 cm de ancho x 3 cm de largo. El tamaño de esta calcificación me impresionó, pero no tanto como lo que luego aprendí de ella.

Mi coach de salud, Angela Carrasquilla, me dice: "Pastor, ¿ves esta piedra? Esto también es el resultado de la acumulación de emociones sin procesar, tus frustraciones en forma de piedra". Eso provocó un despertar abrupto y radical en mi vida.

Permíteme compartirte algo que aprendí. Esto es muy interesante. Aprendí que muchas depresiones, migrañas y la sensación de sentirnos bloqueados e incapaces de tomar decisiones pudieran estar conectadas a emociones sin procesar, y eso va paralelo a la formación de piedras en la vesícula biliar. Esta relación entre las emociones y el cuerpo no es algo nuevo para muchos. El impacto es cuando te toca a ti.

La vesícula biliar almacena la bilis que produce el hígado para poder digerir y metabolizar las grasas. La intoxicación del hígado y la vesícula impide la eliminación de la bilis y este desbalance es el que nos lleva a la formación de las comúnmente llamadas piedras en la vesícula.

Muy interesante todo esto de la relación entre las emociones y el cuerpo. Aprendí que en la medicina psicosomática (la que estudia la relación entre la mente y el cuerpo y cómo las emociones pueden afectar la salud física) se considera a la vesícula la caja de las emociones. Ahora bien, igual que la vesícula participa en la digestión, esta función física y natural nos revela que existe un proceso para el manejo profundo de nuestras emociones.

¿Alguna vez has escuchado esta frase? "Que tu alimento sea tu medicina y tu medicina sea tu alimento", esto lo dijo Hipócrates. Hipócrates fue un médico griego nacido en la isla de Cos, Grecia, en el año 460 a.C. Rechazó los puntos de vista de sus contemporáneos que consideraban que la enfermedad era producida por supersticiones, como la posesión por espíritus diabólicos o la caída del favor de los dioses. Sostuvo que la enfermedad tenía una explicación física y racional. Se le considera el fundador de la medicina. Desarrolló protocolos de conducta médica en los que prescribía

CAPÍTULO I

la estricta limpieza tanto del paciente como del médico y diseñó métodos de observación y de diagnóstico. Estudió y propuso la conexión entre el estado de ánimo y la aparición de la formación de piedra en la vesícula. Relacionaba tristeza, depresión y fatiga con una bilis espesa de color oscuro. Llamó melancolía a la relación entre depresión, tristeza y bilis espesa, que etimológicamente significa bilis negra ("la bilis negra", del griego antiguo μέλας (melas), "oscuro, negro", y χολή (kholé), "bilis"). Resumiendo, la lógica de Hipócrates (su teoría de fluidos) dice: un desbalance de fluidos no tardará en traducirse en alguna enfermedad.

Les comparto esta información y les recuerdo algo muy importante que necesito tengan claro y vivo en su mente. Muchos sabemos cómo funciona un motor, una computadora y hasta el manejo complejo de aplicaciones en nuestros teléfonos inteligentes, pero no conocemos la mecánica orgánica de nuestro cuerpo y su relación con nuestras emociones.

Imagínate, la piedra que me sacaron nunca la llegué a sentir, pero el que se formara dentro de mí, me mostraba que vivía en automático, bloqueando el proceso de mis emociones. Y mientras tanto, eso iba acumulándose en mi vesícula (la caja de las emociones), donde la piedra aparece como la evidencia de que mi manejo de emociones me estaba enfermando. No lo sabía, no lo sentía, pero algo duro y fuerte se estaba formando dentro de mis entrañas. Esto confirmaba la misma sensación que tenía cuando pensaba en mi vida: dura y fuerte.

Lo físico nos revela lo emocional. Un clásico ejemplo es lo que los médicos llaman "la muerte silenciosa". Muchos hemos escuchado este término y se refiere a uno de los mayores riesgos para el corazón y la circulación, la hipertensión arterial. A largo plazo afecta el corazón, los riñones o los ojos, pero también puede provocar un infarto cerebral. La llaman la muerte silenciosa porque no presenta síntomas pero, mientras tanto, los órganos se van deteriorando por la sobrecarga de trabajo que sufren, mientras día a día cumplen su función.

Algo para pensar: ¿Qué procesos adversos están ocurriendo en ti sin darte cuenta? ¿Cuánto conoces acerca de los procesos metabólicos de tu cuerpo físico y los procesos metabólicos de tus emociones? Esto es tan importante como el día en que entendí que yo debía procesar mis emociones y no permitir que ellas me procesaran a mí.

En este momento, mientras lees estas líneas, necesito que entiendas esto, no estás solo. No lo sé todo, pero quiero extenderte mi corazón como si fuera mi mano y que podamos caminar la jornada de este libro como una experiencia íntima entre el corazón, el cuerpo y el pasado.

Todos estamos procesando o acumulando algo del pasado. Hago una pausa ahora mismo y le pido a Dios que te dé sa-

CAPÍTULO I

biduría e ilumine tu entendimiento. Necesitamos aprender, conocer y despertar. Dios creó un cuerpo perfecto y por este cuerpo corren fluidos y emociones que forman un equilibrio de vida. Si las cosas no fluyen y lo que se debe procesar no se procesa entonces, nos arriesgamos a sufrir un bloqueo mental o emocional.

Todos estamos procesando o acumulando algo del pasado

Nuevamente te digo: lo físico revela lo emocional. Esto lo podemos ver en las cosas pequeñas y sencillas de nuestro diario vivir. ¿Alguna vez has abrazado a tu esposa o esposo, a tus hijos y has sentido que es un abrazo solo de brazos y de cuerpo, pero no de corazón?

Aquí tenemos una situación interna que se refleja externamente. Dentro de nosotros nos está dominando algo que no nos permite conectar de corazón con gente que amamos. Muchos hemos experimentado lo que es un matrimonio donde muchas veces no existe una conexión emocional. Esa ausencia de conexión emocional es la antesala del sexo sin intimidad. Hay matrimonios que tienen sexo, pero no experimentan intimidad. Relaciones sexuales donde se experimenta fusión emocional, lo llamaremos intimidad. La intimidad que sana y nos hace sentir que encontramos en nuestra pareja el tesoro que siempre estuvimos buscando es una intimidad saludable. No te equivoques, podemos tener sexo, pero si no hay conexión emocional, es solo sexo.

Quiero que vayas pensando: ¿Qué no has resuelto de tu pasado? Aunque no lo entendamos, el peso del pasado es como una fuerza que nos mueve siempre en la dirección contraria a la felicidad y al más profundo anhelo de amar y ser libre.

Hay emociones en el anonimato que se han despertado convirtiéndose en sentimientos, que cada vez nos impiden conectar con las personas que de todo corazón amamos. ¿Te imaginas desear entregarte por completo a una relación, pero no poder hacerlo porque algo que viviste te tiene preso?

Una cosa es tener emociones y otra cosa es que las emociones te tengan a ti, por eso hay que procesarlas. Esto lo tenemos que resolver ya.

¿Vives tú en el pasado? Entonces, a ti te hablo. ¿Te molestas con otros porque se murieron sin consultarte y te sientes tan abandonado como traicionado (como si tuvieran que consultarte a ti, a la familia y demás amigos antes de morir)? ¿Consultarte qué? ¿Tienes poder para decidir si la persona vive o muere? Créeme, conozco muchos casos así.

No quieres ver a ciertas personas "ni en pintura", pero tu enojo y tu dolor hacen que tu mente fotográfica reavive las imágenes de esas personas y en el cuarto oscuro de tu interior te las revela a color. Todo esto es más real de lo que pensamos. Cada vez que eso ocurre alimentas algo que ya pasó, algo cuya fecha de vencimiento expiró hace mucho tiempo. Es una página que otros ya pasaron. Es algo que está muerto

CAPÍTULO I

para muchos. Es algo que ya no habla porque no vive, sino en ti. Es algo que puedes escuchar cada vez que un ciclo de tu vida se repite o algún estimulo circunstancial convoca a tus neuronas a una convención de memorias que duele recordar.

Dios sabe que no puedes olvidar ciertas experiencias y para eso te ofrece la alternativa de aprender a relacionarte con aquellas cosas indeseables que ocurrieron en tu vida. Cosas que pueden ser transformadas en experiencias de formación para tu bien.

No podemos cambiar nuestro pasado, pero algo podemos hacer para que no nos pese tanto. Antes yo pensaba en el pasado como algo que ya pasó, ya ocurrió, ya no existe. ¡Mentiras, puras mentiras! El pasado, aunque ya pasó y quedó en capítulos del ayer, créeme, existe y seguirá existiendo, y siempre será parte de nuestra vida.

El pasado no va a abandonar nuestra memoria inconsciente, seguirá presente. Porque muchas cosas de nuestro pasado, por más duras que hayan sido, serán la evidencia y el testimonio de que somos más fuertes y mejores de lo que pensamos. Esto será así, siempre y cuando el pasado ya no sea nuestro amo, que nuestro pasado sea como otro salón de clases, donde lloramos en el transcurso del año y sanamos en cada graduación.

El pasado sí existe y será siempre parte de quien eres hoy. Afecta no tan solo tus emociones, sino además tu percepción

> **Tu pasado es parte de tu historia, pero no es suficiente para definirte**

del presente, junto a todas las oportunidades que este te ofrece. Así podrás hacer hoy con tu vida lo que no pudiste hacer en el pasado y harás de tu presente algo mejor.

Tu pasado es parte de tu historia, pero no es suficiente para definirte. Eres un estudiante y maestro al mismo tiempo. Tu pasado es el salón de clases donde aprendes, tu presente es el salón de clases donde enseñas.

No puedes cambiar tu pasado, pero con Dios puedes cambiar tu futuro y hacer algo especial ahora, en tu presente... ¡Vivir! Vive y no sigas arrastrando los huesos del pasado.

Cada minuto tu corazón late de 60 a 100 veces. Este patrón es un mensaje acerca del ritmo de vida que debemos todos tener. Vive los sesenta segundos de este minuto y no permitas que nada ni nadie te robe un minuto. ¡Apodérate de él con coraje, determinación y pasión! Sacúdete y permítele a tu espíritu rebelarse contra el dolor y la frustración del pasado que ciertamente vive en tu mente. Así podrás vencer el miedo que no te permite aprender a manejar las cosas difíciles que te llevan a recordar. Ahora levanta tu voz y exclama:

¡En el nombre de Yeshua de Nazaret yo no soy lo que me pasó! ¡Mi pasado no es suficiente para definirme! ¡Yo soy más que un sobreviviente! ¡Yo soy más que un vencedor!

CAPÍTULO I

¡Estoy vestido con la gracia de hacer y lograr lo que ayer no pude y hoy lo voy a hacer!" Amen, amén y amén. Ahora vamos juntos, tú y yo, a retomar tu vida, minuto a minuto.

Yo sé lo que es quedarse física y emocionalmente estancado, prisionero de uno mismo. Sé lo que se siente quedarse estancado en emociones que lastiman, aumentando el peso del dolor y del rechazo. Te digo hoy: ¡no vas a morir! Perder puede ser parte de la experiencia, pero no vas a morir.

> *¡Estoy vestido con la gracia de hacer y lograr lo que ayer no pude y hoy lo voy a hacer!*

El pasado pesa cuando:

- Lo cargas en tu mente oprimiendo tu corazón.

- Emociones sin procesar te dominan.

- El perdonar no es todavía tu estrategia para sanar.

- Hieres con palabras a la gente que amas sin saber por qué.

- Vuelves a hacer lo que dijiste que no volverías a hacer.

- Te duele recordar, pero te condenas recordando

- No puedes extraer sabiduría de tu pasado.

- No puedes entender lo que Dios hace hoy.

- Le pasas la factura a tu presente por la deuda de tu pasado.

Si mantienes vivas en tu mente la frustración y la desilusión de tu pasado, te inyectas veneno mortal y neutralizas tu habilidad natural de disfrutar tu vida, celebrar tus logros, tus victorias y alcanzar tus sueños. Si lo haces, estás hospedando, criando y alimentando "esa cosa" que te quiere robar tu fe, tus deseos, tu tiempo... No puedes cambiar tu pasado y te molesta, pero tampoco sabes qué hacer con él para que deje de asustarte e intimidarte.

Sigues pensando que, si ayer no pudiste, hoy tampoco; que, si ayer te traicionaron, hoy también. El dolor de los eventos del pasado no te permite afirmarte en tu presente, pero el tiempo pasa y tú continúas atrapado en una "máquina del tiempo" que se quedó estancada en una fecha del ayer.

Cuando el peso del pasado te tiene estancado en el mejor momento de tu vida, es el poder de Dios el que te hace libre.

Haz hoy lo que debiste haber hecho hace cinco años. Hazlo confiando en que Dios es fiel a Su palabra. Él dice y, por favor, lee con tu corazón mientras escuchas la voz de Dios hablándote: "1Pero ahora, Israel, pueblo de Jacob, el Señor que te creó te dice: «No temas, que yo te he libertado; yo te llamé por tu nombre, tú eres mío. 2 Si tienes que pasar por el agua, yo estaré contigo, si tienes que cruzar ríos, no te ahogarás; si tienes que pasar por el fuego, no te quemarás, las llamas no arderán en ti. 3 pues yo soy tu Señor, tu salvador, el Dios Santo de Israel. Yo te he adquirido; he dado como precio de rescate a Egipto, a Etiopía y a Sabá." (Isaías 43:1-3, Versión Dios Habla Hoy)

CAPÍTULO I

Este verso fue redactado en un contexto cultural y legal llamado "lenguaje legal de adopción". Se hizo con la intención de hacer sentir al pueblo de Israel la confianza de ser cubierto y protegido por Dios, como un padre que adopta a un huérfano que se siente desprotegido y abandonado.

Con este exceso de equipaje de tu pasado no podrás caminar al ritmo de tu potencial, ni correr con los que están prosperando en todas las áreas de su vida; algo que tú también te mereces. Tampoco podrás volar con los visionarios que están llevando a esta generación al más grande avivamiento de fe - a un despertar a la confianza en la fidelidad de Dios, el lugar más seguro y estable para el hombre descansar en medio de un mundo inestable- y a la conciencia espiritual que jamás haya experimentado generación alguna.

Claro que podemos ver nacer en nosotros una nueva actitud cuando entendemos cuál es la intención del Padre Celestial para con nosotros. Llegó la hora de tener una actitud positiva de confianza en Dios mismo, basada en Su fidelidad. Reconozcamos juntos este despertar al aprendizaje.

El autor del libro de Hebreos cita: *"Por tanto, nosotros también, teniendo en derredor nuestro tan grande nube de testigos, despojémonos de todo peso y del pecado que nos asedia, y corramos con paciencia la carrera que tenemos por delante."* (Hebreos 12:1). Quiero explicarte algo aquí. El contexto es darle la espalda al pecado y confrontar esa parte de nosotros que se resiste a los valores y mandamientos del Creador revelado en la Biblia. Aquí lo aplico reconociendo que la nueva jornada que tienes delante no necesitará más el peso de cosas que no puedes cambiar. Así que, abre tus manos y tu corazón y ejerce el don divino que hay en ti de soltar. Llegó la hora de hacer con tu pasado lo que sí puedes hacer: perdonar, aprender y soltar.

Perdona al que tienes que perdonar, aprende de lo que no quieres que se repita y simplemente SUELTA EL RESTO.

Entiendo que soltar es muy subjetivo y solo tendrá sentido cuando aprendamos a perdonar y a manejar las emociones y el dolor.

Así que abordemos ahora de forma más profunda este tema.

CAPÍTULO II

Hablemos del perdón. ¿Qué es y cómo perdono?

CAPÍTULO II
Hablemos del perdón. ¿Qué es y cómo perdono?

Posiblemente has tenido la experiencia de ir de compras sea para comprar un vestido, alguna camisa o un pantalón. Encontramos ropa muy bonita que nos encanta, pero cuando vamos al probador de ropa, no nos queda 100% perfecta porque no fue hecha a la medida por algún sastre. No hay nada como ropa hecha a la medida. Con esto establezco la analogía de "definiciones a la medida de la experiencia personal", así que vamos a definir el concepto del perdón.

Es sumamente importante definir los conceptos espirituales y los que nos ayudan a entender la función de nuestras emociones en el proceso del perdón y el dolor. Todos hemos tenido nuestra experiencia con el perdón, así que todos tenemos una definición del perdón hecha a nuestra medida.

> **Perdonar es un acto de misericordia hacia un ofensor, alguien que no necesariamente merece nuestra misericordia.**

Humildemente, comparto mi opinión del concepto del perdón. El perdón es una decisión intencional de dejar atrás el resentimiento y la ira cuando somos ofendidos, cuando sentimos que somos lastimados injustamente. Perdonar es un acto de misericordia hacia un ofensor, alguien que no necesariamente merece nuestra misericordia. Aunque sabemos que todos somos benefactores de la misericordia de Dios, se espera que hagamos lo mismo con los demás.

Quiero mantener el concepto dentro de la realidad de la experiencia humana. Dentro de esa experiencia tenemos nuestra reacción al dolor y a la desilusión, la frustración de sentirnos impotentes cuando no sabemos cómo manejar "el golpe de una desilusión" y cuando sentimos que llegó el momento de reconciliarnos con nuestro pasado para restaurar nuestra paz.

Se le hace más fácil al ser humano abrazar un concepto cuando se le enseña alineado a su mayor interés y conveniencia. No hay nada más importante para el ser humano que el retomar y restaurar su vida cuando siente que está hecha pedazos.

CAPÍTULO II

Así que cuando enseño acerca del perdón no le menciono a las personas algunas de las razones bíblicas para perdonar: "Hay que perdonar porque Dios te perdonó primero" o "Hay que perdonar porque si no, Dios no te va a contestar tus oraciones". Ahora bien, por favor, no me malinterpretes, soy Pastor y siempre haré mi mayor esfuerzo en aplicar las Escrituras y sus verdades eternas a los retos reales de hoy, pero cuando las personas están lastimadas y débiles, no están en su mejor momento de ver las cosas como las verán cuando todo se haya normalizado.

En estos casos el enfoque debe ser la empatía y ser sensibles a la gran verdad de que todo tiene su tiempo, incluyendo el perdonar. El enfoque debe también ir dirigido a ayudarles a ventilar lo que sienten y que, poco a poco, puedan entender que toda gestión asociada al perdón es con el propósito de que puedan volver a retomar sus vidas.

En esta vida, eventos devastadores como un divorcio, la muerte de un ser querido, una traición y otras cosas que podemos catalogar como pérdidas, que desestabilizan nuestras vidas, son muchas veces inevitables. Secuelas de tormentas y cambios no esperados nos "sacuden" y nos roban la paz; todo se desestabiliza. Aquí es donde nos levantamos movidos por la necesidad de retomar nuestra vida, restaurar todo balance y regresar al punto donde estábamos experimentando, lo que todos llamamos, orden y bienestar.

Una ofensa, especialmente de alguien en quien confiamos, una traición, la falta que sea que nos hace sentir desde defraudados hasta lastimados, son situaciones lamentables que nos llevan al valle de decisión: perdono o no perdono; y si decido perdonar, cómo lo hago. Ese es otro aspecto del manejo de ofensas y dolor y sé que muchos hemos estado ahí.

Muchos fuimos marcados con traumas en la niñez o con alguna vivencia de nuestra juventud o quizás con algún incidente reciente. Antes de leer este libro u otro material sobre este tema, estoy seguro de que ya estabas consciente de que cosas de tu pasado, depositadas en lo profundo de tu ser, son el mayor obstáculo para ser, lo que sabes que puedes ser en esta vida.

Todas estas situaciones nos llevan al lugar de la más alta responsabilidad con nosotros mismos: saber cómo reaccionar, cómo responder ante una toma de decisiones, ¿y ahora qué hago? A todos nos ha tocado.

Así que ahí vamos, hay que perdonar. "Ok," dirán algunos, y otros, "no gracias." Comoquiera, y ya que me tienes aquí en tus manos, hablemos del tema.

El perdón es la llave maestra, es el principio de los principios, es la verdad de las verdades que nos ayudará y nos dará la bendición de retomar nuestra vida. Nadie puede retomar su vida si no perdona, es imposible.

CAPÍTULO II

Posiblemente, mientras estás leyendo este libro, estés pasando y experimentando la fatiga de tratar de reconstruir tu vida, de retomar tu vida sin perdonar o quizás has hecho alguna gestión de un "cuasi-perdón," pero continúas con el peso de una vida golpeada y en pedazos. Las cosas no son tan automáticas ni tan "espiritualmente perfectas" como pensamos.

Mientras escribo este capítulo, te lo digo yo, perdonar no es nada fácil. Más adelante recibiremos la ayuda que necesitamos para salir de la mediocridad, ya que no es la mejor parte de nuestra vida, y encaminarnos en paz, con libertad y nuevas fuerzas hacia un nuevo capítulo de vida.

Percibo que hay algo impidiendo el divino fluir cuando veo personas que no viven como siempre han deseado y que no han alcanzado su máximo potencial, aunque saben que aún hay más. Personas que llevan tiempo batallando con diferentes niveles de estancamiento en su vida emocional, en su matrimonio, en su vida espiritual, en sus finanzas y en su salud que están deteniendo el fluir de la bendición de Dios en sus vidas.

Regresando a Hipócrates y su teoría de fluidos, cuando hay un desbalance de fluidos, este no tardará en traducirse en alguna enfermedad. Dios nos dio vida y la vida está en la sangre. Mientras ella fluya bien decimos que la vida o la bendición de la vida está fluyendo. Ese fluir es el que nos indica que hay vida.

El estancamiento es muerte, mientras el movimiento (fluir, divino fluir porque la vida viene de Dios) es vida. No perdonar bloquea el divino fluir.

Más adelante hablaremos acerca de este bloqueador del divino fluir. Pero te adelanto, NO podrás retomar tu vida, ni podrás volver a ver el fluir de la bendición de Dios en tu vida, en toda su plenitud, hasta que regreses y hagas lo que sabes que necesitas hacer, perdonar.

Considera lo siguiente: al ser ofendidos o lastimados, literalmente sentimos como si el corazón se nos estuviera desangrando. Existe una conexión entre mi corazón y la acción del que me lastima. Durante el proceso de manejar tal dolor, tenemos que visualizar lo siguiente: en ese mismo instante, nuestro corazón o por lo menos parte de él, está en las manos de nuestro ofensor.

Esa es la razón por la cual nosotros tenemos que mantenernos claros y reconocer la importancia de retomar nuestra vida; porque retomar la vida comienza principalmente, por retomar el corazón (emociones y pensamientos). Tu corazón tiene que estar en el lugar requerido y conveniente, en tu jurisdicción, y bajo tu control, para comenzar tu proceso de restauración y sanidad.

El quirófano, donde se operará y curará tu corazón, no está en manos de tu ofensor. Cuando perdonamos, le arrebatamos al ofensor ese pedazo de tu corazón que él tiene en

CAPÍTULO II

sus manos. El proceso de sanidad y restauración no podrá comenzar hasta que perdones. No serás libre hasta que arrebates de las manos de tu ofensor ese pedazo de tu corazón. Nadie puede esperar que el corazón sane mientras esté en el lugar equivocado.

> Cuando perdonamos, le arrebatamos al ofensor ese pedazo de tu corazón que él tiene en sus manos.

Si quieres retomar tu vida, tienes que retomar tu corazón. No podrás ser libre ni podrás tener el control de tus sentimientos y tus emociones mientras el ofensor tenga, vía ofensa, control de tus emociones, sentimientos y pensamientos. Es difícil resistir darle "play" al video de la ofensa, y pensar y repasar repetidamente lo sucedido en tu mente, lo sé.

Mientras eso esté ocurriendo en tu mente, esta infección descontrolada se sigue regando, como levadura, por toda tu memoria una y otra vez. Tendrás que aceptar que es el efecto del "sangrado del corazón en las manos del ofensor." Espero que puedas ver lo que te estoy diciendo. No quiero que te juzgues como poco espiritual, emocionalmente débil, nada que ver. Eres un ser humano y una de las formas en que aprendemos es experimentando las cosas.

Experiencia es uno de los portadores de la vida que afecta tu formación de manera positiva o negativa. Con esta exposición (créeme, trato de ponerlo en tus manos de la forma más simple posible) ahora puedes estar consciente de lo que está ocurriendo o de lo que ha ocurrido en tu vida. Ahora podrás mirarte en tu interior, mirar al pasado, cuidar el presente y confiarle a Dios el futuro.

Yo sé que el dolor es real, no hay nada más tangible como el dolor. Probablemente lo que te trato de mostrar es difícil, pero necesitas hacer el esfuerzo porque no puedes seguir viviendo así, con tu corazón destrozado. No puedes continuar con pedazos de tu corazón destrozado, con pedazos de tu corazón distribuidos y divididos entre quienes te han ofendido en esta vida, sabiendo que cada ofensor tiene en sus manos un pedazo de tu corazón y de tu vida.

El perdón es doloroso, pero te hará libre.

Por eso, tú sientes que ya no eres dueño de nada ni de tu vida, y eso te lleva a experimentar ese descontrol y esa falta de equilibrio. Es que tu corazón está destrozado. Cada pedazo está sangrando en las manos de aquellos que recientemente te han ofendido, pero cuando perdones conscientemente, entonces comenzará el proceso de tu sanidad.

El perdón es doloroso, pero te hará libre. Es la primera gestión que necesitas hacer para comenzar el proceso real de sanidad y restauración. Necesitas retomar tu vida.

CAPÍTULO II

Ira, Resentimiento y Amargura

Perdonar no es consentir la conducta de aquellos que te han fallado o la conducta de aquellos que te han herido. Esto es algo que se maneja en otro momento, si existe la posibilidad de que se restaure la relación. El proceso de sanidad emocional es real, puede ocurrir, pero no comenzará hasta que decidas perdonar.

Tres cosas crecerán naturalmente en tu corazón cuando te hayas sentido ofendido. Estas son la ira, el resentimiento y la amargura, las cuales son emociones muy parecidas. Vamos a definirlas antes de continuar y veamos cómo nos pueden afectar.

1. Ira: Es una emoción intensa y a menudo momentánea que surge en respuesta a una situación percibida como injusta, amenazante o frustrante. La ira puede manifestarse como una reacción explosiva o como una molestia interna. Aunque a veces puede motivar acciones para resolver un problema, si no se maneja adecuadamente puede llevar a comportamientos destructivos o relaciones dañadas.

2. Resentimiento: Es un sentimiento persistente de amargura o descontento hacia alguien o algo, a menudo debido a una injusticia percibida o una ofensa pasada. A diferencia de la ira, que suele ser una respuesta inmediata, el resentimiento se acumula y perdura con el tiempo, alimentándose de recuerdos y pensamientos negativos sobre la ofensa sufrida. Muchos dicen que también se le puede llamar rencor.

3. Amargura: Es un estado emocional más profundo y duradero que el resentimiento, caracterizado por sentimientos de desilusión, cinismo y negatividad hacia la vida en general. La amargura puede desarrollarse cuando el resentimiento no se resuelve y se convierte en una visión pesimista y tóxica del mundo, afectando la capacidad de una persona para experimentar alegría o satisfacción.

Ahora podemos ver las tres emociones, una al lado de la otra. Entendemos que la ira es una emoción más inmediata y explosiva; el resentimiento es un sentimiento prolongado de malestar hacia una persona o situación; y la amargura es un estado emocional crónico que puede surgir cuando el resentimiento se mantiene sin resolver durante mucho tiempo.

Ahora que conoces lo que es ira, resentimiento y amargura, los podrás identificar cuando tengas que enfrentarte a una situación difícil que demande perdonar. Ira, resentimiento y amargura ocurren naturalmente. Son respuestas aprendidas en nuestra crianza, en el hogar, en nuestro entorno. No es algo que aprendes en la escuela.

Cuando somos ofendidos, nuestro corazón automáticamente se prepara para producir ira, resentimiento, y amargura.

Cuando somos ofendidos, nuestro corazón automáticamente se prepara para producir ira, resentimiento, y amargura. Esas reacciones son venenosas, tóxicas, nublan tu mente, enferman tu sangre y entorpecen toda la habilidad y la flexibi-

CAPÍTULO II

lidad que tienes en tu interior para manejar este asunto de las ofensas.

Tienes que estar pendiente y consciente de estos tres sentimientos. El espíritu de venganza los necesita para llevar tu vida, literalmente, al lado oscuro en el cual tú no quieres estar. Ira, resentimiento y amargura nacen automáticamente como plantas silvestres que van a crecer sin la ayuda de nadie; solo se necesita que el ecosistema provea el ambiente adecuado.

Me gusta explicar esto así. Fíjate, el término silvestre significa "salvaje, indómito, bravío, feroz". En cuanto a las plantas se refiere, "son especies silvestres que nacen de manera espontánea en un ecosistema adecuado para su desarrollo, en el que no interviene el ser humano." Así visualizo al ser humano cuando florecen en él la ira, el resentimiento y la amargura. Esos tres sentimientos son como plantas silvestres que nacieron porque tenían el ambiente propicio para su desarrollo: la falta de perdón y el espíritu de venganza.

Dime, ¿qué tú quieres hacer retomar tu vida o vengarte? No puedes hacer las dos cosas a la misma vez. Dime, ¿qué deseas hacer, retomar tu vida o guardar rencor y experimentar ira y amargura? No puedes hacer todas estas cosas a la misma vez.

Esa es la razón por la cual estamos confundidos y fatigados y no podemos experimentar abundancia y plenitud en esta vida. Estamos tratando de vivir mientras, inconscientemente, estamos incubando y cultivando la ira, el resentimiento y la amargura. Esos frutos sentimentales que, eventualmente, van a florecer mientras retrasemos el perdonar.

Muchas veces decimos que no vamos a permitir que nadie nos falte el respeto, por lo que respetamos para que nos respeten. No permitimos que nos falten el respeto, pero al no perdonar estamos permitiendo que nos roben la vida. Ponte a pensar, cada persona que tú no has perdonado anda fugitivo, con un pedazo de tu corazón ensangrentado. Te pregunto, ¿qué vas a hacer?

> ¡Cuando tú no perdonas estás permitiendo que otro te gobierne, que otro te controle!

El perdón es una decisión intencional de dejar atrás la ira, el resentimiento y la amargura y de impedir que tu ofensor sea dueño y amo de un pedazo de tu vida. No vuelvas a decir: "¡Nadie me gobierna! ¡Nadie me controla! ¡Yo no dependo de nadie!" ¡Cuando tú no perdonas estás permitiendo que otro te gobierne, que otro te controle! No hay libertad del alma ni del espíritu mientras alguien ande por ahí corriendo con un pedazo de tu corazón ensangrentado.

Discúlpame si repito cosas, lo hago para que penetren en tu corazón, como un taladro espiritual, hasta alcanzar esa parte de tu voluntad donde puedas caer de rodillas y entender tu necesidad de perdonar. Lo hago para que puedas visualizar que la ira, el resentimiento y la amargura ya estaban echando raíces.

CAPÍTULO II

Tu salud y tu matrimonio van a pagar las consecuencias, si no retomas tu vida. Tus hijos serán los portadores de un trauma que no experimentaron y su generación incubará emocionalmente ese estilo de vida de no perdonar y vivir en dolor.

Perdonar es la acción inicial en el proceso de sanar y retomar tu vida. Perdonar es doloroso y nunca será fácil. Tenemos el derecho moral a enojarnos, a sentirnos frustrados y desilusionados. Es justo aferrarnos a nuestra propia opinión de que la gente no tiene derecho a hacernos daño.

Tenemos derecho a ser respetados, pero también necesitamos escoger la vida sobre la muerte. Tenemos vida y nos mantenemos vivos cuando reaccionamos a ofensas utilizando la sabiduría del perdón como estrategia. Es la única gestión, no hay otra, que iniciará en tu vida un proceso de restauración en tu equilibrio emocional.

Cuando hablamos del perdón hablamos del acto de no renunciar a nuestro derecho de vivir y ser libres, pero por el otro lado tenemos que renunciar al derecho que tenemos de sentirnos con ira, el derecho que tenemos de sentirnos desilusionados. Fuimos creados para ser libres y para vivir al máximo, no para ser esclavizados y reducidos a cero por cosas que no deben controlar nuestras vidas.

Perdonar es un riesgo cuando se cree que la garantía de que la otra parte cambiará, corregirá su conducta o retribuirá el daño causado.

Regresamos al pensamiento más popular y positivo del perdón. El perdón primeramente es para el que lo otorga. El enfoque y la intención no es pasarle la mano y ser liviano con la conducta del ofensor, nada que ver. Aprenderás, créeme que aprenderás, y verás que Dios va a proveerte el espacio y la oportunidad, para que puedas hablar de lo que sientes y piensas, sobre lo sucedido.

Todo ser humano fue creado a imagen de Dios, esa es la base de la dignidad del ser humano. Tenemos que aprender a separar a la gente de lo que hacen. Tengo una frase que digo para establecer el principio de la dignidad humana y es la siguiente: "el hecho de que anoche dormiste en la marquesina de tu casa no significa que eres un carro". Amén.

Entre la baja autoestima de la gente y la gente pasando por alto que el ser humano es una extensión misma de su trato con los demás, se ha empeorado la situación de esta generación actual que es fría, apática, ansiosa, individualista y malhumorada.

Gente herida, hiere; que nunca se nos olvide. Si nos duele, claro que tenemos todo el derecho de enojarnos y llorar y sentirnos traicionados, pero recuerda que nadie puede dar algo que no haya recibido primero.

Estamos dentro de un ciclo de gente ofendida, lastimada y cansada. Vamos a ver quién rompe el ciclo o se va arrastrado en él. Cuando chocamos en alguna situación con un familiar,

CAPÍTULO II

nuestro cónyuge o un amigo, muchas veces tenemos de frente la oportunidad de ser parte de una sanidad y liberación mutua, pero caemos bajo el peso del dolor y la ofensa.

El perdón es como una inversión con riesgo ya que no incluye la garantía de que la otra parte cambie su conducta. Esta sería una negociación que debe de abrirse paso dentro de las posibilidades de la relación en curso, si aplica y es el interés de alguna de las partes.

El tema y el enfoque de lo que estoy trayendo no es la restauración de la relación con el que te ofende, sino cómo tú puedes ser libre de un mundo desequilibrado y totalmente reactivo. Recuerda, estamos aprendiendo a no dejar un pedazo de nuestro corazón sangrando en las manos de otras personas. Cualquiera puede ofenderte, sea por accidente o alguna impulsividad de la persona, pero tu vida es tu vida.

Una de las verdades universales que gobierna toda la raza humana es que todo tiene su tiempo. Ejecutar ese don divino de perdonar, que reside en el alma humana, también tiene su tiempo. Recientemente he decidido, desde mi plataforma pastoral, no crearle urgencia ni un espíritu de condenación al que no ha perdonado. Creo firmemente en el poder sanador del perdón y, como ya he dicho, el perdón es la gestión inicial para retomar nuestra vida, eso está claro. Ahora bien, el proceso del perdón incluye mucho dolor, sufrimiento, emociones y sentimientos (más adelante hablaremos de esto) así que, creo que uno debe prepararse para perdonar.

El perdón es un proceso y todo debe comenzar teniendo claro el gran propósito del perdón, el de retomar nuestras vidas. No hay garantía de que la otra parte y la relación en su totalidad se restaure, cada caso es un caso único, pero lo más importante es que puedas retomar tu vida.

El perdón no será una experiencia emocional sin dolor. Aceptemos la naturaleza del proceso, es como pasar rápidamente del dolor y el enojo, al luto. Antes de regresar al escenario hostil de los eventos con la decisión de perdonar, se tiene que pasar por la etapa inicial del dolor y el luto. Todos necesitamos nuestro espacio y nuestro tiempo antes de lanzarnos a otorgar ese regalo de gracia llamado perdón. Tómate el espacio y el tiempo que necesites para fortalecerte y regresar a perdonar.

Es importante recordarte que durante este tiempo ira, resentimiento y amargura encontrarán el ambiente emocional favorable para crecer. Estás contra el reloj. Usa tu tiempo y espacio con sabiduría. Enfócate bien porque se trata de recuperar el balance en tu vida; ahora hay caos, pero no puedes perder el control.

Estamos aprendiendo que la prioridad somos nosotros. Si tú estás bien podrás impartirle la bendición a todo el que te rodee y se relacione contigo. Viviremos conscientes de la importancia de observar nuestras emociones. Venceremos el

CAPÍTULO II

miedo a comunicar lo que sentimos, como parte de nuestro espacio de preparación, para dar el gran regalo por gracia.

Necesitamos abrazar la transparencia y atrevernos a compartir nuestros sentimientos que son más importantes que nuestras opiniones y pensamientos. Cuando hayas sentido alguna ofensa y alguien te pregunte si estás bien o estás herido, no trates de hacerte el fuerte, ábrele tu corazón, dile lo que sientes: "Me duele". No digas, "No pasa nada, todo está bien", cuando tu corazón está herido y lastimado.

Con esas actitudes estamos entrenando a nuestra mente a entrar automáticamente al modo de víctima y, aunque lo seamos, aplazamos el reloj del tiempo complicándolo todo, haciendo que perdonar sea mucho más difícil y mucho más complicado. Así que, no tengas miedo a decir lo que sientes cuando estás lastimado u ofendido. Eso es lo primero que tenemos que entender para comenzar el proceso del perdón e impedir que la ira, la amargura y el rencor se adueñen de nuestra mente.

Cuando aconsejo a parejas que quieren reconciliarse y quieren hablar, siempre les hablo de la importancia del sentimiento sobre la razón. Cuando tú amas a alguien es prioridad saber que esa persona se sienta bien y no que esa persona acepte todo el tiempo que tú estás bien, y él o ella siempre está mal. La ecuación es sentimiento por encima de la razón.

Cuando alguien quiere comenzar una conversación para sanar relaciones, no va a la mesa de negociación con razonamientos, sino con el corazón abierto, y comienza hablando en términos de lo que siente, y no de lo que piensa. Comienza la conversación con esta fórmula reconciliadora, "quiero que sepas que me siento solo, quiero que sepas que tengo miedo".

Ante frases como esta, ninguna persona que te ama va a continuar a la defensiva; todo lo contrario, toda defensa se cae al suelo, porque ahora hemos abierto la línea de comunicación.

En la frecuencia perfecta de toda reconciliación, la ecuación es lo que siento por encima de lo que pienso. Así es que el amor opera, no busca lo suyo, sino que busca lo del otro.

Entiendo que estamos todos aprendiendo y vivimos una vida donde gran parte de nuestras reacciones son automáticas. Aún heredamos reacciones automáticas de nuestros padres, pero siempre hay espacio para aprender de ello y mejorar.

Siempre aconsejo que la persona esté clara con su compromiso de concederle el perdón a alguien. Como mencioné anteriormente, esto es como un luto. Primero crea tu espacio, guárdalo y respira profundo. Recuerda la importancia que tiene, delante de ti, la decisión del perdón, ya que se trata de tu vida. Se trata de tu balance emocional. Se trata de seguir viviendo, a pesar de este dolor que tienes ahora en tu corazón. Tómate el tiempo que tú necesites para estar preparado para dar este regalo y cuando se acabe ese tiempo, que yo lla-

CAPÍTULO II

mo el tiempo de luto, llamas a la persona, le abres tu corazón y la perdonas.

Recuerda lo que te dije: "Hasta que no perdones, tienes que entender que un pedazo de tu corazón está en las manos del ofensor. Y no tienes el control total de tus emociones, sino que otra persona es quien tiene el control o por lo menos parte de ese control".

Mientras estés perdonando, acuérdate de la compasión. La compasión es lo que nos permite a nosotros entender cómo vamos a dar este regalo, porque nosotros también le hemos fallado a otros. La compasión también nos lleva a meditar que gente herida, hiere.

Lo importante aquí es que estés preparado para dar el gran paso, el regalo del perdón, el regalo donde el primer beneficiario eres tú. Sabes que necesitas retomar tu vida y lo vas a hacer cuando estés preparado. Como existen los dos lados de una moneda, así mismo hay quienes ven dos lados en el concepto del perdón: un regalo para el ofensor y una ofensa para el ofendido. Algunos creen que el concepto del perdón como un regalo es difícil de visualizar, porque puede afectar la sensibilidad del ofendido al restarle valor al proceso de sanidad, pero esto es asunto de perspectiva y se debe respetar también.

> *Lo importante aquí es que estés preparado para dar el gran paso, el regalo del perdón, el regalo donde el primer beneficiario eres tú.*

Cada persona tiene su vida y gira en su propio universo. Sabemos que todos somos parte de un gran sistema universal, pero la realidad es que tu vida es tu vida y tú eres responsable de aprender a retomarla.

Hay tanto que decir acerca del perdón. El perdón puede ser una experiencia convertida en concepto en la vida de cada uno de nosotros. Mientras me das la oportunidad de ayudarte, podemos decir que el perdón es una decisión intencional de dejar atrás la ira, el resentimiento y la amargura con el propósito de retomar nuestras vidas. Es la única que tenemos y queremos vivirla al máximo. Ahora te doy permiso, y debes dártelo tú también, para completar la definición del perdón desde tu experiencia, a través de la jornada de este libro.

El "miedo a perdonar" se refiere a la ansiedad o percepción que alguien puede sentir ante la idea de perdonar a otra persona. Este miedo puede provenir de varias preocupaciones latentes, tales como:

1. Miedo a ser herido de nuevo: perdonar a alguien puede hacer que una persona se sienta vulnerable, ya que podría percibirse como una puerta abierta a futuros daños o traiciones por parte de la misma persona.

2. Miedo a perder el control: el perdón puede sentirse como si se renunciara a una forma de control o poder sobre la persona que causó daño. Aferrarse a la ira o al resentimiento, a veces puede parecer una forma de mantener el control sobre la situación.

3. **Miedo a invalidar las emociones:** puede existir la preocupación de que perdonar a la otra persona pueda ser visto como una minimización o invalidación del daño y el dolor que causó, como si el mal que hizo no fuera significativo.

4. **Miedo a dejar ir:** para algunos, aferrarse a la ira o al resentimiento es una forma de mantener vivo el recuerdo del dolor, lo que puede parecer necesario para la protección emocional. El miedo a perdonar suele estar ligado al miedo a soltar ese mecanismo de defensa.

5. **Miedo a perder la identidad:** en algunos casos, el dolor o la ira de un conflicto no resuelto se convierte en parte de la identidad de una persona. Perdonar puede sentirse como perder una parte de uno mismo o un sentido de propósito derivado de esa ira.

Concluyo y cierro este capítulo con lo siguiente:
No podemos perdonar a otra persona sin perdonarnos a nosotros mismos primero. ¿Y cómo hago eso? Para perdonarnos por completo, primero debemos asumir la responsabilidad personal por nuestras acciones y reacciones y luego pedirle a Dios que nos ayude a comprender mejor nuestras faltas.

CAPÍTULO III

Emociones vs. Sentimientos

Capítulo III
Emociones vs. Sentimientos

No hay nada más grande que el amor de una madre y el amor por la madre. Podemos decir que es el sentimiento más puro y fuerte que un ser humano puede experimentar. La Biblia misma la compara con el amor de Dios por su pueblo Israel: "Como una madre consuela a su hijo, así los consolaré yo a ustedes, y encontrarán el consuelo en Jerusalén" (Isaías 66:13 versión DHH)

Ahora, hablando con toda honestidad, no valoramos todo el tiempo este inmenso amor. Hay momentos y "esos días" que de repente tienes una experiencia de "montaña rusa" (altas y bajas abruptas) con tu mamá. A todos nos ha pasado y nos pasa. Amas a mamá. PEROOOO, hay momentos en que te enojas con ella y hasta te reprendes a ti mismo porque ya estás haciendo un libreto en tu cabeza de cómo contestarle. Es que lleva rato regañándote o como diríamos

Por no saber diferenciar las emociones de los sentimientos, es que dudamos si amamos verdaderamente o no a una persona.

"en un estado alterado de diplomacia doméstica no deseada", tú sabes, mamá siendo mamá.

Te enojas, te molestas y te percatas de que estás reaccionando con diferentes emociones hacia tu mamá, dependiendo de las circunstancias. Pero por encima de todo, la amas. Por no saber diferenciar las emociones de los sentimientos, es que dudamos si amamos verdaderamente o no a una persona.

No importa cuánto pelees con tu mamá, tú la amas. Una vez más te digo, puedes sentir diferentes emociones hacia ella, pero por encima de todo, la amas. Ese sentimiento que se ha formado en tu interior hacia esta gran mujer, a pesar de y por encima de todo, es el amor a tu mamá. Aunque exista este gran sentimiento hacia ella sabes que puedes experimentar diferentes emociones durante el día, dependiendo de las circunstancias.

Acabo de darte el ejemplo clásico que se utiliza cuando enseñamos la diferencia entre emociones y sentimientos. Definir y redefinir conceptos, como ya hemos hablado, es tan importante y en este tema de emociones y sentimientos es vital.

¿Qué son emociones? ¿Qué son sentimientos?

Según la psicología tradicional, y hasta donde he estudiado en mi esfuerzo de comprender la complejidad de mi humanidad, hay varias teorías que explican desde diferentes perspectivas las emociones, su definición conceptual y su función. Entre las más populares están la teoría de James-Lange, la teoría de la emoción de Cannon-Bard y la teoría de dos factores de la emoción de Schachter-Singer.

Puedes hacer tu asignación "en línea". Para propósitos de este libro no los voy a explicar; así que, trabajaremos el concepto en los términos más generales y simples.

"Aunque las emociones se han estudiado desde hace mucho tiempo, muchos profesionales coinciden en que no hay una definición única." ("La influencia de las emociones en el aprendizaje y la memoria, por Chai M. Tyng, Hafeez U. Amin, Mohamad NM Saad y Aamir S. Malik"). El tema no es muy fácil de entender pero hay que esforzase porque gran parte de nuestra vida descansa en las emociones y depende de ellas.

Voy a lanzarme a la tarea y al gran reto de explicar en la forma más simple, los dos conceptos que muchas veces confundimos, emociones y sentimientos. Es sumamente importante (vital), conocer y eventualmente dominar este tema porque la vida, la muerte, la salud mental, tu matrimonio, tu negocio, tu salud física y tu familia dependen de cómo manejas tus emociones y sentimientos.

He aprendido que una cosa es lo que nos sucede y otra es nuestra interpretación de eso que nos sucedió, lo que significó en nuestra vida. Lo relevante no es lo que nos sucede, sino lo que pensamos cuando nos suceden las cosas. "La vida es un 10% lo que te sucede y un 90% como reaccionas ante ello." ("Life Is 10% What Happens To You And 90% How You React by Charles R Swindoll"). Mi interpretación dará una respuesta en el momento. Las emociones son reacciones a estímulos externos. Puedo reaccionar con miedo ante la oscuridad, con enojo ante una broma de mal gusto, con alegría ante una noticia agradable, entre otras. No todos reaccionamos igual ante el mismo estímulo externo.

Las emociones son nuestros impulsos momentáneos a cosas que nos ocurren en el momento, al instante y, aunque son impulsos, también dependen de cómo las interpretemos en el momento en que ocurrieron. Nuestros sentimientos no provienen de los acontecimientos externos, sino de nuestros propios pensamientos.

Si nos acercamos bien a la palabra emoción, nos percatamos que ella significa tanto energía como movimiento. Las emociones describen nuestra forma de reaccionar a las cosas que nos suceden. Lo que nos sucede es lo que provoca en nosotros una reacción. Las emociones son respuestas inmediatas a un estímulo exterior. Otros profesionales de la salud mental piensan que también hay estímulos internos que activan de repente emociones, como alguna memoria.

Capítulo III

Algunos clasifican las emociones en atracción y protección. Las emociones de atracción son la alegría y el interés. Las de protección son el enojo, el miedo y la tristeza.

Posiblemente te hayas dado cuenta de que a veces somos exagerados al reaccionar a cosas que nos suceden; eso nos ocurre a todos. La reacción a la emoción puede ser desproporcionada al estímulo recibido: el sentimiento tiene una intensidad elevada más allá de lo habitual o se alarga en el tiempo afectando nuestra calidad de vida.

Las emociones son la base de la formación de los sentimientos, que a su vez se generan a través de nuestros pensamientos. Si viéramos esto como una expresión sería: emociones - pensamientos - sentimientos.

Las emociones van y vienen, los sentimientos son mucho más duraderos. No tienes que ser psicólogo para saber estas cosas. Todos funcionamos sobre la base de emociones y sentimientos, por lo cual, es importante entender este tema. Por otro lado, los sentimientos son aquellas cosas que se van construyendo y se van formando a través de las experiencias que vamos teniendo en nuestro entorno.

Tengo que hacer una confesión en este libro. Quiero compartir con ustedes el por qué mis cumpleaños no me

Las emociones son la base de la formación de los sentimientos, que a su vez se generan a través de nuestros pensamientos.

emocionan tanto. Si a la gente se le olvida y nadie me dice, "¡Feliz cumpleaños!", no me molesta. Siendo adulto me han celebrado cumpleaños sorpresa y claro que me he emocionado. El elemento sorpresa y ver amistades y familiares conmigo es una alegría. No tengo ningún problema con celebrar los cumpleaños de mis hijos, mi esposa y amistades; los disfruto en grande. En mi proceso de educarme en estos temas de emociones, sentimientos y estados de conciencia, descubrí que la raíz de mi falta de alegría en mis cumpleaños era porque tenía miedo del mañana. Al cumplir años miraba hacia atrás totalmente insatisfecho con mis logros. Esto saboteaba mis emociones y expectativas, ante un nuevo ciclo, al celebrar mi natalicio. Eso lo descubrí después de mucho tiempo. Había albergado y formado con el tiempo un sentimiento de miedo basado en incertidumbre.

Todos necesitamos conocer más sobre este tema de las emociones y los sentimientos. La definición de emociones y sentimientos puede variar un poco. Es un tema que puede ser bastante subjetivo y ahí el reto al momento de explicarlo. Algunos explican los sentimientos como emociones, pero mucho más elaboradas o complejas. Estos guardan relación con un pensamiento, razonamiento o la conciencia; la forma en que el cerebro procesa la información y experimenta el mundo.

De repente mi reacción se expresa en términos de emoción pero, tras interpretar el evento, la emoción se eleva a algo

Capítulo III

más complejo que se establece en mi interior; a esto le llamo sentimiento. Sentimiento está más relacionado con mis pensamientos, al significado que le doy a las cosas que me ocurren. "Los sentimientos derivan del pensamiento y el pensamiento precede al sentimiento." (Emociones y Lenguaje en Educación y Política por Humberto Maturana). Esta definición me ayudó mucho, el reto ahora es la aplicación.

Como soy tan visual quiero compartir con ustedes esta gráfica que utilizo conmigo y con los demás, cuando los ayudo a comprender esta experiencia de discernir las emociones de los sentimientos. La siguiente gráfica es la "Rueda de las emociones de Plutchick" (Plutchick Emotion Wheel).

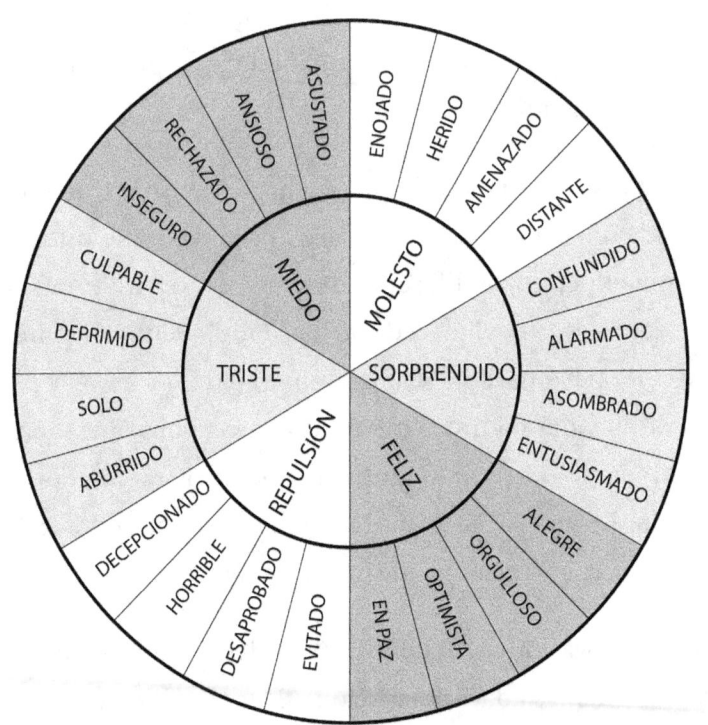

Existe otra versión de la rueda de emociones y se utiliza a menudo para ayudar a las personas a identificar y articular sus emociones de forma más específica. Esa otra versión incluye varias gradaciones de emociones clasificadas como emociones secundarias, terciarias o sentimientos. Estas se ramifican a partir de emociones centrales como la ira, la tristeza, la alegría, el amor, la sorpresa y el miedo. Parece ser una adaptación de la rueda de emociones de Robert Plutchik, que acabamos de estudiar.

¿Alguna vez has estado con tu familia en la sala viendo alguna película de comedia y mientras todos se ríen, de repente te das cuenta de que estás atrapado en una burbuja experimentando otra sensación? Estabas pensando en otras cosas y ahora estás sintiendo ansiedad, cosa que nadie en la sala está sintiendo.

Dos personas diferentes participan del mismo trabajo, en la misma oficina y el mismo horario, pero cada uno puede tener una experiencia diferente. Posiblemente para uno sea la experiencia más enriquecedora, haciéndolo sentir totalmente realizado, pero para la otra persona puede ser la peor pesadilla de su vida. La única diferencia entre ambas personas es cómo piensan sobre su lugar de trabajo, lo que realmente determinará cómo se sienten. Necesitas hoy y ahora entender la diferencia entre emociones y sentimientos.

En una ocasión escuché a alguien decir, "too much information" (demasiada información). Esto significa que se recibe más información personal de la necesaria. Lo digo en tono jocoso, pero la realidad es que no es necesario conocer todo de los demás. Me refiero a que ahora cuando estoy con mi familia en la sala viendo alguna película, de repente me sorprendo mirándolos, "psicoanalizándolos" (gracias a Dios que no soy psicólogo). Yo tratando de descifrar en qué realmente están sus cabezas, en qué están pensando mientras estamos los cuatro reunidos, aparentemente todos viendo la película.

Cada persona es un mundo, un universo, una galaxia. No sé cómo he sobrevivido hasta ahora, sin saber estas cosas de mis emociones, mis sentimientos y de por qué soy como soy. Mientras más estudio y voy aprendiendo, el miedo al mañana se va minimizando, día a día. Ahora veo que, aunque en mi pasado no supe manejar mi vida como hubiese querido, de algo estoy seguro, Dios estuvo conmigo todo el tiempo. ¡Amén!

> *En mi pasado no supe manejar mi vida como hubiese querido, de algo estoy seguro, Dios estuvo conmigo todo el tiempo.*

CAPÍTULO IV

Frente al espejo

Capítulo IV

Frente al espejo

"Por otra parte, nunca sabe nadie cuándo le llegará su hora: así como los peces quedan atrapados en la red y las aves en la trampa, así también el hombre, cuando menos lo espera, se ve atrapado en un mal momento." (Eclesiastés 9:12 versión DHH)

En este verso podemos entender que el hombre no conoce el día de la adversidad, el día que le vendrá el mal; ese día llega repentinamente, sin avisar. Vamos a enfocarnos en la reacción del hombre, pues en ese día del mal, él queda ATRAPADO. Así estamos muchos en algunas áreas de nuestras vidas, estamos atrapados o estancados, sin crecimiento, ni evolución, ni restauración alguna. Lo peor es que no nos enteramos, pues estamos acostumbrados a vivir "batallando" por una vida mejor.

> ¿Has considerado cuáles áreas de tu vida están atrapadas en actitudes que no te ayudan?

En mi proceso de transformación, al enfrentar mi sobrepeso desde la perspectiva de emociones y cuerpo, aprendí (esto es día a día y todavía me falta mucho) que los sentimientos nos pueden mantener atrapados en un nivel de conciencia que no nos hace bien. ¿Has considerado cuáles áreas de tu vida están atrapadas en actitudes que no te ayudan? Si practicamos la sinceridad en su máxima expresión de honestidad, nos daremos cuenta de que la mayor parte del tiempo estamos operando desde estados de conciencia que no nos ayudan. Nuestra interpretación se encuentra en esta frase: "es que soy así, así lo veo yo". El que no lo ha dicho, lo ha pensado.

Esto es sumamente importante porque desde estos estados o niveles de consciencia es que nosotros aprendemos a relacionarnos con nosotros mismos y con los demás.

Quiero hablarte un poco de mi experiencia frente al espejo, pero para que puedas entender todo lo que te quiero decir repasemos un poco la historia de la frase "Espejito, espejito en la pared ...". Esta frase la escuché por primera vez en la escuela elemental en NY donde nací y crecí hasta la edad de 14 años. Pertenece a un cuento de hadas titulado "Blancanieves y los siete enanitos". En esta historia, Reina Malvada quiere saber quién es la más bella del mundo y así estar segura de su

Capítulo IV

"estatus" como la reina más hermosa. Parada frente al espejo mágico ella le pregunta: "Espejo, espejo en la pared, ¿quién es la más bella de todas?" El espejo mágico no miente y le informa acerca de la belleza de Blancanieves, provocando en la reina celos y envidia. Es aquí donde la trama se desarrolla con una serie de eventos, que conducen a los intentos de la reina de matar a Blancanieves. Con el tiempo, esta frase se ha vuelto icónica y a menudo se cita o se hace referencia a ella en la cultura popular para evocar la idea de buscar afirmación o validación especialmente, en cuestiones de apariencia o belleza. Bueno, no existe un espejo mágico que no miente, lo que sí existe es el espejo que proyecta la imagen de una persona que está en el proceso de aprender a conocerse.

El hombre del espejo

Dos días después de salir de mi operación de bariátrica, en una de las primeras sesiones con mi "Health Coach" (Angela Carrasquilla, Coach de Salud de Medellín, Colombia), ella me pidió que me parara frente a un espejo que había en la sala. Mientras estaba parado frente al espejo, comenzó a decirme estas palabras, "Comenzaste una jornada de restauración y transformación. Poco a poco el Walter que estás viendo en el espejo se irá desapareciendo, se irá poco a poco de tu vida y estará entrando un nuevo Walter lleno de salud y en su peso ideal. Sin embargo, necesito que reconozcas el esfuerzo que el "Walter gordito" (así me refería a mí mismo) ha hecho todos estos años, porque él te ha traído hasta aquí. El "Walter gordito" es quien te llevaba al púlpito cada sábado, a pesar de los dolores de tu rodilla. A pesar del asma, fue el "Walter gordito" el que te ayudó a levantar tu ministerio, el que levantó tu matrimonio y tu familia. Fue este "Walter gordito" el que se enfrentó a los miedos del rechazo y que manejó todo el sobrepeso, cargando por todos estos años sobre 120 lbs de más y nunca se rindió. Un día ya no lo vas a ver más, pero siempre deberás estarle agradecido".

Luego de escuchar estas palabras, mi corazón no pudo aguantar más y rompí a llorar. Mi mente comenzó a ver mi pasado como parte de la jornada de un héroe que hoy sabe la diferencia entre caer y rendirse. Literalmente, reinterpreté y edité en mi mente lo que pensaba de mi vida. Lo hice en el contexto que me llevó a refugiarme en la comida, hasta el momento donde vi a un "Walter gordito" que, sin tener las herramientas para manejar el rechazo, venció y me trajo hasta aquí.

Comencé a ver todo lo que yo había pasado: la forma en que estaba enfrentándome a mis miedos, la razón por la cual yo estaba escudándome y escondiéndome en un refugio de libras de grasa y de sobrepeso. ¡No tenía las herramientas para manejar rechazo, fracaso y frustración!

No puedo cambiar el pasado, pero puedo hacer el esfuerzo de revertir el daño que yo le estaba haciendo a mi salud y a mis emociones. Mi jornada era más un reto emocional. Más que bajar de peso era enfrentar mis miedos. Necesitaba entender que para protegerme del dolor al rechazo había creado una relación equivocada con la comida. Mi jornada era para superar la frustración de que no tenía habilidades psicomotoras como los demás. No fue hasta que aprendí a amarme y a aceptarme que entendí que Dios me había creado con todo lo que yo necesitaba, para el propósito por el cual fui creado.

No fui creado para ser atleta. Tampoco fui creado para ser un pintor. No fui creado para ser un contratista o un ingeniero. Fui creado para ser lo que soy hoy en día, Pastor, maestro de las Escrituras; y con orgullo y honor abrazo mi vocación. Ahora he podido reconciliarme conmigo mismo y entender que yo no tenía que desarrollar destrezas que no tenían nada que ver con mi propósito en esta vida. Entendí que tenía que enfocarme en los dones, talentos y el diseño que Dios tenía para mí, desde el momento en que fui formado en el vientre de mi madre.

> *No fue hasta que aprendí a amarme y a aceptarme que entendí que Dios me había creado con todo lo que yo necesitaba, para el propósito por el cual fui creado.*

De hoy en adelante no tendré que esforzarme para que me acepten, ni de esforzarme para ser lo que no soy. En la mente de Dios fue creado el diseño de mi identidad, el Creador es Él. A mí solo me toca descubrir quién soy y para qué existo. Con este despertar comencé a entender las posibilidades del último día de mi pasado; el día en que mi ayer, dejó de influir en mi hoy. De ahora en adelante no debo temerle al rechazo.

El fin de mi sufrimiento comenzó cuando abracé mi propósito en esta vida y cuando pude entender la forma en que enfrentaba mis miedos y mis rechazos.

No pretendo con este libro darte todas las herramientas, ni darte todas las respuestas. Mi intención es clara: provocar un despertar en ti y que puedas creer que hoy puede ser el último día de tu pasado y el comienzo de un nuevo capítulo en tu vida llamado esperanza.

Yo no sé cómo tú estás manejando tu rechazo y tus miedos; no sé cómo estás manejando la frustración o la ira que procede de ese pasado tuyo, que no puedes cambiar.

Lo que tienes en tu mano es más que un libro, es mi corazón extendido hacia ti para tomarte de la mano y comenzar juntos una jornada de restauración y sanidad, donde puedas despertar a la posibilidad de volver a amar, a creer y a soñar.

Busca ayuda profesional, haz todo lo que esté a tu alcance para conocerte y que puedas entender por qué piensas como piensas, por qué ves el mundo de la forma que lo haces, por qué tus emociones y tus reacciones a los estímulos de tu entorno tienen esas respuestas nocivas que te están matando o te están estancando. Una vida de abundancia no es un sueño ilusorio. Dios quiere que tu vida sea de aprendizaje y gratificaciones; alcanzando metas y sueños para la gloria de Él.

Capítulo IV

Por mucho tiempo hemos vivido bajo la influencia de las opiniones de los demás. ¿Cuándo fue la última vez que te miraste al espejo y te cuestionaste y respondiste con honestidad a tus preguntas existenciales? ¿Qué ves, quién eres, qué quieres, qué te duele, qué te falta, hacia dónde te diriges?

¿Qué ves, quién eres, qué quieres, qué te duele, qué te falta, hacia dónde te diriges?

Posiblemente es mucha información, muchas preguntas, un bombardeo que por mucho tiempo hemos evitado contestar. Mientras tanto, dejemos a un lado estas preguntas. Lo más importante que quiero que hagas es que mires al sobreviviente valiente y le des las gracias por haberte traído hasta aquí. ¿Crees que podamos hacerlo?

Ahora necesito que tomes este libro y te pares frente a un espejo. Vamos juntos en esta jornada, por favor, confía en mí. Quiero que leas esto como si yo te estuviera hablando. Frente al espejo lee en voz alta y escucha mi voz diciéndote; **"Quiero que sepas que has sido muy valiente. Pocos han hecho lo que has logrado y a donde has llegado. Esa persona que tienes de frente es tu héroe. No permitió que te rindieras cuando otros se cansaron. Hizo que te salieras de la cama cada día para luchar. Sin tener la mejor salud, ni la mejor situación financiera, se negó a dejarte a mitad de camino. Y hasta aquí te ha traído, para que entres en tu nueva temporada de sanidad y restauración".** Amén.

Gracias por no soltarme. Solo quiero que te des la oportunidad de abrirte al espíritu y al corazón de las palabras de este libro. No te imaginas como oro cada día para que la presencia de Dios toque a cada persona que llegó hasta aquí.

CAPÍTULO V

Niveles de Conciencia

Capítulo V

Niveles de Conciencia

"Perdóname no me fijé no me percaté del detalle, gracias por avisarme. Hemos dicho estas palabras porque no siempre estamos conscientes de lo que hacemos (parecido al efecto de vivir en automático). En este caso no estamos conscientes de por qué lo hacemos, hasta que alguien desde afuera de nuestra realidad nos dice algo que nos despierta a ver más allá. Solo Dios sabe cuántas cosas hacemos sin saber por qué las hacemos. ¿Por qué hablamos como si estuviéramos siempre molestos o tristes, por qué nos da con comer cuando tenemos alguna ansiedad, por qué nos quita el sueño el que las cosas no salgan como esperábamos?

Uno de los regalos de cumpleaños para mi esposa fue una perrita. Soy "dog lover", amante de los perros, pero de repente, comencé a rechazar cualquier idea loca de tener uno en nuestra casa. Amo tanto a mi esposa que, en contra de mi actitud hacia los perros, fui y le compré uno. Le regalé un maltés blanco. Le pusimos el nombre de Perla Isabel. Cuando llegó su cumpleaños, simplemente le dije, "Aquí tienes tu perrita". Pero también le hice la advertencia de que no me responsabilizaría de llevarla al veterinario, ni de darle sus alimentos, ni de bañarla ni cuidarla; mi función era agradar a mi esposa con el regalo que, únicamente ella, anhelaba.

Así que posiblemente algunos de ustedes que están leyendo mi libro ya están haciendo un psicoanálisis de este servidor. Habrán llegado a la conclusión de que yo estaba huyendo de la responsabilidad de cuidar a otra persona y eso lo reflejaba en mi falta de compromiso con su perrita, pero era algo más profundo. Mi actitud hacia Perla era el reflejo de un muro protector. Yo no estaba dispuesto ni a repetir el episodio de la muerte de mi perro, ni a sentir tristeza. Así que mi actitud fue no tener ninguno.

Amaba tanto a mi mascota cuando era niño que, cuando murió no pude manejar esa perdida y le cerré las puertas a todas las posibilidades de volver a tener una mascota.

Es interesante cómo los seres humanos nos las ingeniamos y somos tan creativos en construir muros de protección que nos aíslan, más de lo debido, en vez de protegernos. Desde pequeños levantamos muros para protegernos, hasta que un día tomamos el riesgo. Ya no hay miedo, no hay nada que perder. Los muros nos aíslan de la oportu-

Capítulo V

nidad de volver a tener otro perro y disfrutar de los días alegres que solamente la relación con un animalito tan especial nos puede proveer. El que ha tenido perro en su casa sabe de lo que hablo.

Piensa: ¿Qué muros has construido para protegerte en caso de que tuvieses que volver a enfrentar aquellas cosas que retaron tus emociones y sentimientos?

> *¿Qué muros has construido para protegerte en caso de que tuvieses que volver a enfrentar aquellas cosas que retaron tus emociones y sentimientos?*

Construimos estos muros para protegernos, pero terminamos aislados y separados de toda posibilidad de volver a recibir en nuestra vida nuevas vivencias portadoras de sanidad y nuevas alegrías. Es una contradicción. Impedimos las emociones y las memorias que resucitan el dolor de grandes pérdidas, pero atrasamos todo un proceso de sanidad. Mientras tanto, sin saberlo, dejamos perder las bendiciones que Dios nos da para levantarnos y darnos vida.

Yo estaba manejando la bendición de tener un nuevo perro desde un nivel de conciencia de miedo. Al operar desde la conciencia del miedo, yo no podía abrir mis brazos a la nueva experiencia de un animalito en mi casa. En vez de ver la bendición de una nueva mascota, yo veía el comienzo de un viejo capítulo, el cual yo sabía cómo terminaría. Cuando muriera el perrito, tendría que enfrentarme a lo que hasta el día de hoy había estado evitando. No es que no me gustaran los perros, es que así exteriorizaba mi miedo.

Cuántas cosas ocultas son realmente el motor y lo que le da dirección a mi forma de reaccionar o de relacionarme con algunas cosas en esta vida. Quiero hablarte un poco acerca del epicentro de muchas de nuestras reacciones y de muchas de nuestras "filosofías de vida".

El estado o nivel de conciencia es la capacidad de una persona para darse cuenta de lo que sucede a su alrededor y comprenderlo. Es nuestra capacidad para percibir nuestro entorno, reaccionar ante estímulos y tomar decisiones. Por ello, debemos identificar cualquier alteración a la función de la conciencia, que nos lleve a interpretar el mundo exterior de forma tal que, genere una respuesta negativa. Cuando yo lo identifiqué ya tenía 120 lbs de grasa de más, la enfermedad metabólica, entre otras condiciones. Cada caso es diferente, les comparto el mío pues fue una de las razones para este libro.

No siempre estamos reaccionando a lo que nos está sucediendo en el momento. A veces estamos reaccionando a lo que definimos como "mi realidad, lo que me ha tocado vivir". Pudiéramos estar reaccionando también a traumas del pasado cada vez que algo nos recuerda lo que necesitamos resolver.

Capítulo V

De esto se trata nuestro estado o nivel de conciencia. Nuestra forma de interpretar depende del nivel de conciencia. Un ejemplo clásico es cuando pensamos que la ansiedad es un tipo moderado de ataque de pánico. Sin embargo, puede ser mi respuesta a un trauma que no he sanado o a alguna situación que puede ser normal, pero que para mí no lo es.

Posiblemente, las cosas que me están ocurriendo activan una respuesta de origen traumático; o sea, que responde a algo que no ha sido sanado o que tengo que transformar reinterpretando los hechos. Muchas veces queremos que la gente cambie porque nos molestan y nos roban la paz, pero no son ellos. ¡Somos nosotros mismos! Tenemos una gran tarea por delante.

Estar atrapados en un estado de conciencia es algo que nunca había escuchado. Pero yo estaba atrapado en un estado de conciencia que impedía que creciera emocional y espiritualmente. Y donde más se me reflejaba esta limitación era en mi salud. Recuerda que cada caso es un caso aparte, hablo desde mi realidad y mi proceso.

Imagínate estar en un estado de conciencia donde el enojo es una emoción dominante. No nos damos cuenta y nos estamos matando a través de la fuerza interior destructiva del enojo y la ira. La cuestión es que, sin darnos cuenta, en este estado de conciencia, nos proyectamos a hacer otras cosas. ¿Alguna vez te han preguntado si estás molesto? Contestas que no, pero parece que lo estás. Hacemos muchas cosas sin darnos cuenta de que, estamos atrapados en un estado de conciencia que no nos ayuda.

Tenemos que pedirle a Dios que nos ayude con estos temas que trato de compartirles e impartirles de la forma más sencilla posible. Muchos de nosotros estamos atrapados en estados muy alterados de conciencia; estancados en una visión, en una interpretación de nuestra realidad que nos está matando. Estamos juzgando nuestra vida desde un interior que necesita reorganizarse y desintoxicarse de percepciones que en nada nos ayudan; percepciones intoxicadas, sin esperanza, que no nos permiten ver la salida.

Trata de recordar alguna situación que te haya robado el sueño. Sueñas con lo peor. El miedo genera y alimenta un estado de ansiedad y bombardea tu imaginación con videos mentales alternos donde te ves muriendo, perdiendo todo o afectando la vida de los seres que amas. Después de todo, y al final del día, todo sale bien; nada como la tragedia que habías pensado. Miras al cielo con gratitud, te ríes solo y te dices, "Tengo que aprender a confiar y a no ser tan negativo". Pero te vuelve a suceder, una y otra vez. Existe la posibilidad que estés manejando las cosas así, porque estás atrapado en un estado de conciencia llamado TEMOR. Con temor y bajo la influencia del temor pensamos, actuamos y hacemos todo un desastre.

Yo pienso que uno de los grandes retos emocionales del ser humano es el manejo de la pérdida de un ser querido.

Capítulo V

Podemos quedarnos en un nivel de conciencia de culpa, apatía o sufrimiento, y sentir que jamás vamos a salir de ahí. En el próximo capítulo, "Dolor vs sufrimiento", hablaremos un poco más de este tema tan delicado. A pesar de que una perdida nos haya roto el corazón en mil pedazos de dolor y culpa, no queremos que ningún sentimiento o nivel de conciencia sea lo suficientemente fuerte como para impedir que continuemos viviendo.

¿Cuáles son los estados de conciencia que predominan en nuestra vida? Es importante que reflexionemos porque algún día tendremos que descubrir la fuente de "mi forma de ver la vida". Esta, "mi forma", enfrenta los retos que nos vamos a encontrar en el camino al relacionarnos con nosotros mismos y eso se refleja en nuestra relación con la alimentación, el dinero, el tiempo y las personas.

La comida no es un refugio, pero me refugiaba en ella. No tenía las herramientas para salir de un estado de conciencia de sufrimiento y miedo. En el caso de la comida, todas las veces que comía no era porque tenía hambre, sino porque estaba ansioso, con miedo, sufriendo. Es un solo ejemplo de tantos.

Diagrama que me mostró dónde estaba emocionalmente estancado
Lo que te voy a compartir puede que te parezca muy técnico o científico para este libro. Incluyo esta información porque

fue una de las cosas que causó un despertar emocional y espiritual en mi proceso. No lo tienes que entender todo, pero tampoco rechaces la información. A donde quiero llegar es a que despiertes a lo que te puede ayudar. Estamos perjudicando nuestra vida sin darnos cuenta. Estamos reaccionando desde una conciencia que nos es perjudicial, arriesgándonos a perder lo que nos queda en esta vida.

Cuando a través de mi coach de salud aprendí todo esto (lo que estoy a punto de mostrarte), las cadenas que me limitaban y las nubes que me confundían comenzaron a deshacerse. Aquí fue que mi mente, junto al Espíritu de Dios, me comenzó a mover en la dirección correcta; fuera del pozo de una vida que vivía, pero desconocía.

Se ha estudiado el fenómeno de los estados de conciencia como el resultado de abrazar la interpretación de todo lo que se ha vivido. Precisamente, es con los estados de conciencia con los que interpretamos y nos relacionamos con nuestro presente, pero esto es aún más profundo todavía. La interpretación que le hemos dado a nuestra vida puede debilitarnos o hacernos fuertes.

El Dr. David R. Hawkins en su última edición de Power vs. Force (2021) presenta el concepto del mapa o medidor de estados de conciencia. Lo más que me impactó fue verlo como un mapa. A la teoría propuesta por Hawkins en su libro, se le llama "la teoría de las frecuencias y las emociones". Se basa en la idea de que las diferentes emociones están vinculadas a

Capítulo V

frecuencias específicas de energía o vibración. Este concepto sugiere que cada emoción tiene su propia frecuencia única y al comprender y trabajar con estas frecuencias podemos influir en nuestro estado emocional. Esta teoría vincula las emociones a frecuencias específicas de energía; con la idea de que, las frecuencias más altas corresponden a emociones positivas y bienestar, mientras que las frecuencias más bajas están asociadas a emociones negativas.

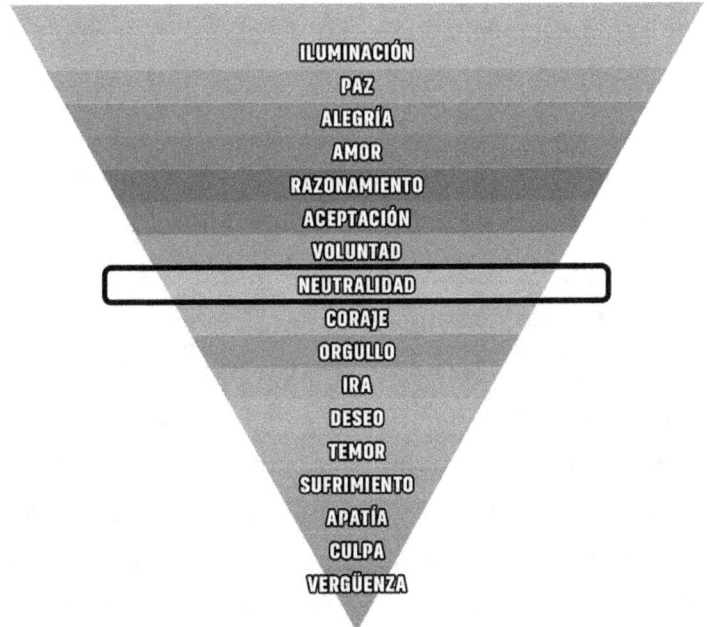

1. Frecuencia y emociones

Cada emoción vibra a una frecuencia determinada. Se cree que las emociones positivas como el amor y la alegría tienen frecuencias elevadas, mientras que las emociones negativas como el miedo o la ira tienen frecuencias tóxicas y bajas.

2. Impacto en el bienestar

La teoría postula que estar en un estado emocional de frecuencia elevada (por ejemplo, felicidad, amor) puede llevarnos a una mejor salud mental, emocional y física. Por el contrario, los estados de frecuencia baja (por ejemplo, tristeza, ira) pueden contribuir al estrés o la enfermedad.

3. Escala de frecuencias

La escala que se usa a menudo en esta teoría puede variar desde las frecuencias más bajas asociadas con emociones negativas hasta las frecuencias más altas relacionadas con emociones positivas. Los números exactos varían según la interpretación, pero las emociones positivas vibran a frecuencias más altas que las negativas.

4. Aplicaciones prácticas

La Teoría del Dr. Hawkins sugiere que, al aumentar conscientemente tu frecuencia emocional, puedes mejorar tu bienestar general y tu salud emocional. Una de las formas de lograr esto es abriéndote a conocer todos estos conceptos que te estoy presentando y que, con la ayuda de Dios, puedas comenzar la jornada de conocerte, y de conocer el propósito de tus emociones, y lo que ellas te quieren comunicar.

Cuando vi esta tabla por primera vez, comencé a entender dónde yo estaba estancado y atrapado. Aprendí a identificar desde qué estado alterado de conciencia estaba

Capítulo V

manejando los retos de mi vida, mis amistades, mi salud y mi matrimonio, entre otras cosas.

Cuando Hawkins creó este estudio en el año 2012, encontró que la mayoría de las personas estaban atrapadas entre los niveles de conciencia alterado de temor y coraje. Imagínate relacionarte contigo mismo, con tu entorno, y con los demás, desde el temor, la ira, el orgullo (arrogancia) o el coraje. Si observas el diagrama desde abajo, el estado de conciencia que domina a una persona haciéndola operar desde la vergüenza y la culpa, es el perfil de las personas que se suicidan. Esto me impactó de su libro "The Map Of Consciousness Explained" (2021): "El nivel de vergüenza es peligrosamente cercano a la muerte. Puede elegirse por vergüenza como "suicidio consciente" o más sutilmente, como "suicidio pasivo", al no tomar medidas para prolongar la vida. La vergüenza es una consecuencia de la negación de las realidades tanto del yo como del ser. La reacción es castigarse, juzgarse, mortificarse, ser negativo, permanecer deprimido, ser severo e inflexible, esconderse y agachar la cabeza."

Cuando entendí el diagrama con este ejemplo del suicidio y yo, literalmente, me estaba suicidando poco a poco, fue que pude entender muchas cosas de mi vida. Yo me encontraba en el nivel de temor.

Imagínate una persona estancada en un estado de conciencia de culpa. Es difícil que esa persona pueda abrazarse y celebrarse mientras va, poco a poco, alcanzando peldaños de

> *Si tú no te celebras, no te reconoces y no te amas, entonces tenemos un gran problema.*

progreso; sea en su dieta, en su relación, en su matrimonio, pero sobre todas las cosas, en la forma en que se ve a sí mismo. Si tú no te celebras, no te reconoces y no te amas, entonces tenemos un gran problema.

Es imposible seguir hacia adelante en la vida si estamos atrapados en estos estados alterados de apatía, sufrimiento, ira, orgullo, coraje; en relación con el pasado y el perdón. Esta gráfica me ayudó, como nos ayuda un mapa, a saber, dónde estamos, y hacia dónde nos dirigimos, hasta llegar al nivel de conciencia del amor. Es un gran reto, pero no será imposible para aquellos que contamos con Dios.

He aprendido que a través del amor, la aceptación y la confianza en Dios, podemos experimentar la paz que sobrepasa todo entendimiento, sin importar el nivel de estado alterado en que nos encontremos.

Yo sé que usted me dirá, "Pero Pastor yo no necesito ni de esta gráfica ni de la ciencia humana para experimentar la paz que la Biblia dice que tendré en Cristo". Te contesto que estoy de acuerdo contigo, pero, así como hemos necesitado que maestros y fuentes de estudio nos ayuden a entender las Escrituras en su contexto, también necesito que personas que han dedicado toda su vida a estudiar las emociones del ser humano, nos ayuden. Así es esto.

Capítulo V

Permíteme compartir contigo parte de mi testimonio. Desde que comencé a manejar mi situación de salud, específicamente, mi lucha contra la obesidad, he aprendido mucho. Aprendí que mi situación era más compleja de lo que yo pensaba porque no solamente estaba en sobrepeso, sino que tenía la condición de la enfermedad metabólica.

Sabía cómo se podían afectar mis emociones, pero jamás pensé que el estar atrapado en un estado de conciencia alterado podía afectar mi relación con la comida, conmigo mismo, con mi entorno, con la manera de reaccionar al pasado y al rechazo, y con la forma de manejar mis deseos y mi necesidad de protección y aceptación.

Me percaté de que yo estaba en un estado de conciencia que no me ayudaba. Estaba malinterpretando el rechazo que tuve en mi niñez. No sabía cómo manejarlo, aún como adulto, y esto se comenzó a reflejar en la forma en que interpretaba y me relacionaba con muchas cosas en mi vida. Mi forma de interactuar conmigo mismo y con mi entorno fue una de las áreas más obvias; pensando que mi comida podía ser un refugio. Sin saberlo, toda la grasa y las libras que adquirí fueron el resultado de una necesidad que yo tenía. Esa necesidad se llamaba protección; ante la amenaza de experimentar rechazo de los demás.

Había creado un sentimiento de enojo, insatisfacción y disgusto hacia mi cuerpo porque no me servía la ropa y además, me fatigaba. Me relacionaba conmigo mismo desde la ira, el enojo y la frustración, y así nadie prospera ni sana ni logra ser libre emocionalmente.

¿Qué piensas de esto?

Seguimos...

Capítulo VI

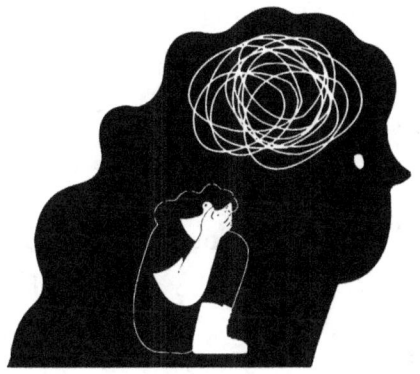

Capítulo VI
Dolor vs. Sufrimiento

Si hay algo inevitable en esta vida es el dolor. Dolor nos recuerda que estamos vivos. Dolor es parte de la experiencia humana y está de nuestra parte enfrentarnos a él, por lo menos para conocerlo, entenderlo y, sobre todo, para saber cómo relacionarnos con él. Este es uno de los temas que más deseo estudiar y aprender. Si hay algo que todo ser humano evita es el dolor, y lo poco que sabemos de él, añade dolor a nuestra experiencia de vida.

Algo he aprendido acerca del dolor, tanto en los libros, como en las consejerías y con mis propias experiencias. El dolor, al igual que las emociones, puede y debe de ser momentáneo o, por lo menos, no para siempre.

Cuando no sabemos manejar el dolor, este se convierte en un suplicio que trasciende al evento o suceso que lo provocó,

> *Cuando no sabemos manejar el dolor, este se convierte en un suplicio que trasciende al evento o suceso que lo provocó,*

impregnando nuestra mente, nuestro sueño, nuestros pensamientos y conversaciones; transformando el dolor en sufrimiento.

El dolor se transforma en sufrimiento, algo mucho más complejo que nos afecta a largo plazo. El dolor es inevitable ya que nos hace participar de las cosas naturales de la vida. De hecho, el dolor y hasta cierto grado el sufrimiento, ambos son oportunidades para cuestionar nuestra forma de ver la vida. Esta introspección no es automática, es algo que se aprende en el camino.

Cuando todo está bien, lamentablemente, y como de costumbre, damos todo por sentado. Pero algún suceso repentino y no planificado que nos cause dolor, siempre nos llevará al otro extremo de la vida y nos permitirá verla desde otro punto de vista. Es como tener abundancia y de repente quedarnos sin trabajo. La vida cambió, y nos llevó de un extremo a otro; de abundancia a limitación o necesidad.

Tenemos que aprender a relacionarnos correctamente con el dolor, así como con las emociones; de lo contrario, caeremos automáticamente, en el pozo profundo, hostil y cruel del sufrimiento. Ese pozo puede ser tan profundo que no sepamos cómo salir de él.

Capítulo VI

Entre el dolor y el sufrimiento hay una gran diferencia. El dolor es inevitable, pero sufrir siempre será algo que escogemos experimentar consciente o inconscientemente.

Todos sentimos dolor cuando la realidad nos golpea con una fuerza hostil, y cuando no coincide con nuestros deseos, especialmente, cuando no es lo que esperábamos. El dolor es involuntario. Se dispara ante cualquier evento que interpretes como triste, injusto, frustrante, entre otros. Es inevitable sentirlo en algún momento, ya que en la vida suceden todo tipo de situaciones dolorosas y no tenemos el control sobre su acontecer. El dolor, como cualquier proceso natural en la vida, tiene un comienzo y un final, viene y va. Al igual que el proceso de la digestión o las fases de la luna, el dolor evoluciona hasta un punto y luego va desapareciendo. No es permanente, al menos, se supone que no lo sea.

Ahora, vamos a abrir nuestra mente para aprender cómo relacionarnos con esta experiencia inevitable, y así impedir que se convierta en sufrimiento o en algo peor. El dolor, el sufrimiento, las emociones y los sentimientos son parte de la vida; no definen nuestra vida y mucho menos quienes somos, pero son parte de ella. Son solo una parte. Es cosa muy común que el dolor se transforme en sufrimiento, no hay problema. Lo importante es que lo entiendas, aunque sea en teoría. Entenderlo es un buen comienzo.

Es fundamental que el sufrimiento no se adueñe de nuestra vida. Podemos sentir dolor y no sufrir, y en otros casos sentir dolor y sufrir hasta cierto punto, para después retomar nuestra vida. Es primordial el que se pueda procesar el dolor de una forma balanceada y saludable.

Ahora vamos a "Manejo del dolor 101". Abre tu mente y tu corazón mientras lees esto: acepta el dolor, no lo resistas; esa es la clave.

Si profundizamos, dolor y sufrimiento pueden ser confundidos hasta pensar que son sinónimos. Sin embargo, es la resistencia a ambos la que amplifica sus diferencias. Si vemos el dolor como que pertenece al mundo físico, podemos nosotros ver la diferencia desde otra perspectiva.

Hay eventos que pueden crear dolor físico, pero no necesariamente crean en sí mismos algún sufrimiento. Resistencia al dolor crea el sufrimiento, de la misma forma que lo hace el estrés cuando resistimos las cosas que están ocurriendo en nuestra mente. No siempre las cosas que nos suceden son la causal de nuestras tristezas, sino también lo que pensamos sobre ellas.

Lo que podemos hacer cuando dolor toca a nuestras puertas es aceptarlo.

Lo que podemos hacer cuando dolor toca a nuestras puertas es aceptarlo. El dolor duele, no temas, esto es así. Acepta la experiencia que lo ha provocado y no trates de evitarlo, ni ignorarlo, ni salir

Capítulo VI

corriendo. Así podrás enfrentarlo mientras lo vas sintiendo. Aunque no lo creas es aquí donde comienza el conteo regresivo del dolor.

El dolor agudo es el que debe ir desapareciendo porque depende de la situación que estemos viviendo, aunque siempre habrá un dolor residual en tus memorias. Ese dolor residual es el que está ligado a la pérdida de personas, que siempre hubiésemos querido estuviesen con nosotros.

A estas alturas de la vida, posiblemente, sabes lo que es caer en alguna extrema tristeza, y levantarte. De entre las lecciones aprendidas sé que esta es una: el dolor puede ser fuerte y cruel, pero no vas a morir. Aunque el dolor te haga sentirte morir, ¡sobrevivirás!

Si fuéramos a explicar dolor en una forma de ecuación sería: dolor + resistencia al dolor = sufrimiento. Somos seres humanos muy bien intencionados, pero a veces muy mal documentados. Uno de los capítulos más dolorosos del ser humano es el de la muerte de un ser querido. Si usted ha experimentado esto sabe de lo que hablo. Es un dolor, que, aunque con el tiempo se va desapareciendo, poco a poco se revive con mucha facilidad. En la funeraria vemos lágrimas y escuchamos los sollozos de los que se resisten a soltar al ser querido que acaba de partir. Este es uno de los capítulos de la vida para el que nadie está preparado. No queremos pensar en eso, pero es tan inevitable como el dolor mismo.

Es un gran error ver a alguien que está llorando intensamente, derramando su alma, atrapado en la experiencia inconsolable de la pérdida de un ser querido, y susurrarle al oído, mientras lo abrazamos: "No llores, todo estará bien, está en el cielo y pronto nos reuniremos otra vez". Es como decirle que tiene el derecho de negarse a lo que está ocurriendo. Si te duele, llora. Si no lloramos cuando se tiene que llorar, sin darnos cuenta, permitimos que el dolor se transforme en algo más terrible: en sufrimiento. El dolor que tiene una fecha límite llega y se va, pero el sufrimiento es el residual que tenemos que manejar intencionalmente: no podemos permitirle que nos robe o debilite nuestra vida.

A veces el dolor es tan y tan grande que, aunque entendamos que necesitamos manejarlo, es inevitable que el sufrimiento impregne nuestra alma. Aún en los momentos más difíciles, siempre habrá una luz al final del túnel y momentos de claridad mental. Podemos aprovechar esos momentos para retomar nuestras vidas, y solicitar del cielo la paz y la ayuda que necesitemos.

No lo entendemos. Estamos despertando a la dinámica interior que no espera por nosotros, ni nos pide permiso. Mientras tanto, tenemos nuestra lucha interior, posiblemente peleando con Dios. Esa lucha nos aleja de uno de los propósitos más grandes que tenemos en la vida: el de darle sentido y propósito a las cosas. Preguntarnos por qué y para qué nos suceden las cosas que están fuera de nuestro alcance es parte

Capítulo VI

de nuestra naturaleza humana. Con un por qué nos tornamos a Dios. Con un para qué nos abrimos a la gran jornada espiritual e inteligente de descubrir el propósito de las cosas de pedirle al Padre que nos ayude a confiar en Su soberanía. Él es justo, bueno y grande en misericordia, aunque esta vivencia duela tanto. Quizás sea difícil para ti, pero en medio de tu dolor, ¡confía en Él!

Sufrimiento también tiene que ver con expectativa. Esperabas que los próximos capítulos de tu vida fueran felices y, de repente, todo cambió, todo se acabó. Mientras más pensamos en lo que pudo ser, más aumenta la intensidad del sufrimiento. El dolor tiene que ver con tu reacción a un evento; el sufrimiento es la forma en que sigo pensando día tras día. Algo que podemos hacer es pensar qué vamos a hacer con el resto de nuestra vida y qué clase de vida le vamos a dar a aquellos que hoy están con nosotros.

Entender la diferencia entre dolor y sufrimiento puede ser la base de tu próximo escalón de crecimiento emocional. Entender cómo funciona la esencia del ser humano, cómo reaccionamos y cómo nos adaptamos a situaciones difíciles, hará que tengamos un sistema de defensa que pueda adaptarse al dolor; más aún, cuando el dolor es parte de una experiencia inevitable.

Cuando se manifiesta en ti una emoción, digamos que, de tristeza, y lloras, quizás tratas de controlar esa emoción. Piensas que necesitas enfocarte en solucionar el porqué de tu tristeza manifestada en llanto; algo que te sucedió sin tú esperarlo, sin previo aviso ni permiso. Esta es una lógica muy común y definitivamente, cada caso es único en sus méritos. Mi punto es el siguiente: muchos problemas son problemas porque así los sentimos. Yo necesito saber que lo que siento viene de lo que pienso. Si pienso que es algo que no tiene solución, generaré emociones y sentimientos que van a nublarme y a cargarme de preocupaciones innecesarias. Las cosas se salen de proporción y nos sentimos impotentes e indefensos para resolver alguna situación importante. Hay situaciones grandes, complicadas y dolorosas. Pero hablo de aquellas en las que, al pasar el tiempo, te diste cuenta de que el sufrimiento fue más grande en tu mente y en tus emociones, que en la realidad del suceso.

De entre los escombros
Uno de los grandes retos que he tenido en mi experiencia pastoral, ha sido el de ayudar a una persona a superar la pérdida de un ser querido. En ese momento no le doy una conferencia sobre la diferencia entre dolor y sentimiento, pero consciente de estos dos conceptos, le brindo apoyo con sensibilidad empática. Me esfuerzo siempre en tratar de sentir el dolor de la otra persona.

Muchos hemos tenido una experiencia única tanto con el evento de la muerte como con el proceso del duelo. Es personal, única y no hay un libreto real con pasos a seguir. Uno no sigue pasos, sino instinto humano. Dios nos creó de

Capítulo VI

tal manera para que, a la hora de reír, riamos; y a la hora de llorar, lloremos; y nos dio la capacidad de restaurar el balance cuando recibimos azotes que nos pueden desenfocar y desbalancear temporeramente.

Mi propia vivencia me da la autoridad para entrar en este tema. Sé lo que se siente, y la lucha interna es real. Es difícil que alguien pueda consolar efectivamente a otra persona si no ha experimentado el mismo grado de pérdida.

> *Es difícil que alguien pueda consolar efectivamente a otra persona si no ha experimentado el mismo grado de pérdida.*

Una persona que sufrió la muerte de sus padres, de un hijo o del cónyuge puede ser de gran ayuda a otros que estén sufriendo el mismo dolor.

Yo perdí a mis padres. Los últimos meses con mi padre fueron muy dolorosos, pero a la misma vez de sanidad. La forma que conectamos e intimamos fue parte de la preparación de nuestra despedida. Pudimos conectar de padre a hijo y de hijo a padre, en una intimidad que nadie podrá conocer a fondo, solamente él y yo.

Mi padre fue un hombre muy trabajador, pero muy fuerte de carácter. Los últimos meses, su carácter fue transformado de tal manera que yo pude entrar en su mundo y él entrar en el mío. En las conversaciones profundas que tuvimos, él me dio luz verde y su bendición para yo hacer todo lo que Dios me había llamado a ser y a hacer, por encima de todos los sueños colectivos que tuvimos de que yo fuera médico. Hoy camino en el propósito de mi vida: mi vocación pastoral. Mi momento sanador con él fue más allá de una conversación, fueron los espacios donde pude abrazarlo y besarlo, cosa que hoy en día, quisiera poder seguir haciendo sin parar.

En el caso de mi madre, ella vivió sus últimos meses con nosotros, en mi casa, hasta que murió. Tuve experiencias sanadoras con ella también. Dios me concedió la oportunidad de protegerla y cubrirla y hacerla sentir como ella me hacía sentir a mí, seguro en casa. Sus últimos días me dieron la oportunidad de prepararme para la gran despedida.

No traigo tanto a memoria el día que murieron. No es que no lo recuerde, simplemente es que mi proceso me ha hecho ver otros días más relevantes, en mi experiencia de duelo y manejo del espacio vacío de mis padres, en mi vida. Hablo de los días de cumpleaños de mis padres. Esos días son para mí días tristes, tristes porque deseo que estén conmigo. No es una tristeza que me impide vivir, es una tristeza que acompaña las memorias y el deseo de tenerlos conmigo. Comparto esto contigo porque a veces pensamos que después de tantos años, sentir tristeza en los días de sus cumpleaños es algo negativo porque es señal de que no he superado mi pérdida.

Este proceso va a ser para toda la vida, así que cuando tengas que llorar, llora. Un día entenderás que hay diferentes procesos en muchas áreas de tu vida, pero lo importante es que cada día, haya progreso en cada una de ellas.

Capítulo VI

Nunca olvidarás y nunca dejarás de sentir, pero lo importante es que no dejes de vivir y mucho menos de valorar el gran regalo del presente con toda la gente hermosa que está en tu espacio.

No es fácil, pero tenemos que meditar en el proceso del manejo del dolor. Puede ser que tu caso sea diferente y, quizás, no tuviste el tiempo que yo tuve de lo que yo llamo "la última conexión". Sin embargo, hay cosas que te pueden ayudar, como el de reunir a tus hijos y hablarles de tus padres y honrarlos y compartirles las lecciones de tu misma experiencia e intimidad con ellos. Hay muchas cosas que te pueden ayudar, como escribir un poema, una canción, un artículo, para que con tu vivencia ayudes a otros en su proceso de manejo de su dolor. Lo importante es que puedas transformar lo que no pudiste hacer, en una lección que añada valor a los demás, mientras honras la memoria de tus seres queridos.

A veces pensamos, "lo que haría si pudiera darle al tiempo para atrás". Eso no puedes hacerlo, pero lo que sí puedes hacer es traer las lecciones del pasado a este regalo de vida llamado "presente" y aplicarlas a los seres amados que comparten tu espacio. ¡Recibirán lo mejor de ti! Créeme, esto también es sanador y te ayudará a encontrarle sentido y propósito a los capítulos posteriores de tu proceso de duelo.

> lo que sí puedes hacer es traer las lecciones del pasado a este regalo de vida llamado "presente"

Voy a describir en forma sencilla el proceso del manejo del dolor. La muerte de un ser amado, que era parte de tu vida o como a veces sentimos y decimos "era toda mi vida", está directamente relacionada con la complejidad del duelo y el luto.

El luto es la forma en que expreso mi dolor, sea en los términos de la cultura, la tradición o la religión. El duelo es el tiempo de la tristeza, de la expresión emocional del individuo. La forma en que murió, si fue un accidente o una muerte repentina e inesperada o si fue después de un largo tiempo de enfermedad o un suicidio, creará el nivel o grado de dificultad y el tiempo del duelo.

El duelo dependerá de nuestra respuesta mental y emocional que literalmente, es instintiva. Nadie se gradúa del curso de cómo tener duelo, es algo que ya está en nuestra esencia humana.

Si trazaras el duelo en una gráfica sería una irregular de altas y bajas. La jornada es fría, solitaria y abrumadora. Todo dependerá de quién, cómo y cuándo fue la muerte. Si vas a apoyar a alguien que haya perdido un ser amado, o si este fuese tu caso, necesito que consideres saber esto, ni el luto ni el duelo son formas de depresión, aunque lo parezcan. La depresión es un trastorno mental, pero el duelo y el luto no lo son. Las personas en duelo y luto están tristes porque extrañan a esa persona amada. Gran parte de tu vida giraba alrededor de esa persona que, a su vez, le daba propósito y

Capítulo VI

sentido a tu vida. La ausencia de esa persona es como vivir la vida sin propósito ni dirección.

Las personas deprimidas están tristes porque ven al mundo y aún a ellos mismos como defectuosos y sin esperanza de arreglo alguno. La depresión es un trastorno mental que anula la capacidad del ser humano de experimentar emociones positivas. El proceso del duelo en su jornada de altas y bajas te permitirá tener días buenos y otros no tan buenos.

El duelo hace que la persona invierta tiempo pensando en la redefinición de lo que es la vida. La depresión requiere tratamiento; el duelo requiere consuelo y apoyo.

En el proceso del duelo habrá lo que yo llamo "ventanas de respiro". Son los momentos en que la persona experimenta un avance y retoma pedazos de su vida mientras va reconstruyendo una nueva vida. Es como el que luego de un terremoto, pierde su ser amado, sea su esposo o esposa, hijo o hija, hermano, padres. Mientras va recogiendo escombros y lo que sobrevivió al estrago natural, encuentra cosas que le servirán para comenzar de nuevo y otras solo para recordar por siempre.

Nuestros seres amados siempre quedarán en nuestra memoria y Dios nos ayudará a retomar nuestra vida. Atraerá hacia nosotros a otras personas que también han tenido pérdidas en la vida. Lo permitirá para que puedan sostenerse los unos a los otros, mientras reconstruyen sus vidas de entre los escombros. No es una vida de escombros, sino una vida que resurgió de entre ellos.

Sea que hayas perdido a alguien que amas por muerte, divorcio o por las razones que sea, quiero que sepas que Dios aparecerá para ti. Dios traerá personas a tu vida. Hay casos donde Él llama personas a un estilo de vida con una alta demanda de propósito para servirles a los demás. Solo Dios llenará el vacío y traerá el equilibrio que disipará todo caos y tinieblas de confusión de tu vida.

Mira a quienes han quedado en tu vida. Están aquí y ahora contigo; no los mates en vida. Llora, gime y derrama tu alma, sabes que no vas a morir, sino que vivirás con los

que te quedan y los que Dios ha traído a tu vida. Puedes lanzarte al suelo y llorar; salir al patio y gritar; llamar a alguien para que te escuche y puedas decir lo que por años has callado. Alguien quiere saber el dolor que te queda sin atender. Ese dolor se ha convertido en un sufrimiento que no te deja vivir con las bendiciones que te quedan: tus padres, tus hijos, tus hermanos y la presencia de Dios que espera que le ocupes, le invoques y le llames.

Capítulo VI

Ahora, ¡levántate! Haz una gran asamblea con la familia que tienes aquí y ahora. Reitérales tu compromiso de vivir con ellos y saturar cada segundo, minuto, hora y día de tu vida con intención, propósito y amor, con entrega sin reserva. Todos de una forma u otra aprenderemos la diferencia entre dolor y sufrimiento, luto, duelo y depresión; y nos levantaremos de entre los escombros para volver a vivir.

No sé cuál sea tu caso, pero mientras escribo, hago esta pausa por ti y tus seres amados que ya no están contigo. (PAUSA) Esta pausa es un minuto de silencio por la bendita memoria de los que se nos adelantaron, y hago una oración por ti para que regreses a vivir con aquellos que han sobrevivido también a sus pérdidas. Ha sido intenso. Dejo un abrazo aquí para ti. Sé que ambos lo necesitamos.

CAPÍTULO VII

¡Perdona, aprende y suelta el resto!

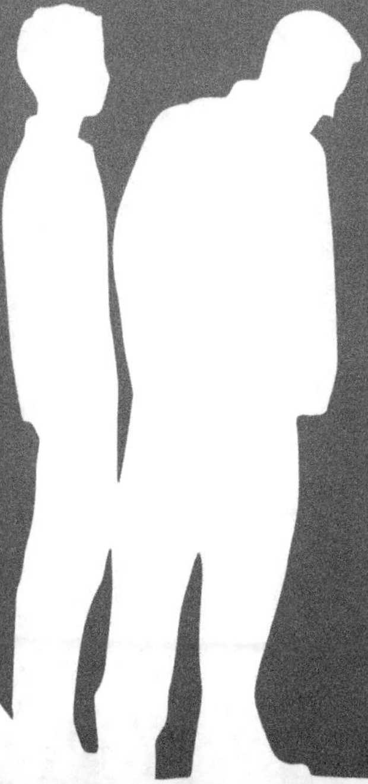

Capítulo VII

Capítulo VII

¡Perdona, aprende y suelta el resto!

En este capítulo quiero hablarte acerca del perdón, pero desde otra perspectiva. Mi intención es complementar mi descripción y definición del perdón en el contexto vivencial. Contamos con la ayuda y la presencia de Dios al hacer lo que es tan importante para retomar nuestras vidas: PERDONAR.

Es sorprendente experimentar el poder sanador del perdón. Escucho testimonios y aun experiencias propias donde me quedo asombrado mientras reconozco que sin el Espíritu de Dios jamás hubiese perdonado. En mi caminar con Dios he aprendido dos cosas sumamente importantes:

- **Dios nunca te pedirá hacer algo que él no ha hecho o esté dispuesto a hacer.**

> **Al otro lado de la obediencia, siempre hay bendición.**

- **Dios nunca te pedirá hacer algo sin que cuentes con Su gracia y Su poder.**

Una de las razones por las cuales no hemos vuelto a ver el poder y la presencia de Dios en nuestras vidas es porque somos lentos en obedecer. Lo pensamos dos veces para obedecer, pero para hacer lo que simplemente queremos hacer ni lo pensamos; así somos. Al otro lado de la obediencia, siempre hay bendición. Cuando obedecemos a Dios, él nos sienta en primera fila, para que podamos ser testigos principales de su poderosa intervención a nuestro favor. Dios es fiel a Su palabra y si nosotros también lo somos, nos sorprenderán las cosas que vamos a experimentar mientras caminamos en acuerdo con Él.

Ponte a pensar las veces que has visto la gracia de Dios interviniendo en tu vida. Cada una de esas veces está relacionada con alguna situación donde tú te has determinado obedecerle, sin importar las consecuencias; obediente ante toda resistencia y adversidad.

La Biblia dice en Josué 1:9 (versión TLA) "Yo te pido que seas fuerte y valiente, que no te desanimes ni tengas miedo, porque yo soy tu Dios, y te ayudaré por dondequiera que vayas". Dios le dijo a Josué que tenía que ser fuerte y valiente para poder cumplir la misión encomendada de dirigir al pueblo de Israel a la tierra prometida. La fe es fundamental, pero si no somos valientes, el miedo nos puede neutralizar, y

Capítulo VII

dejarnos estancados en una zona gris. Aun cuando sabemos que Dios espera que perdonemos, no lo hacemos.

El miedo al rechazo, al qué dirán, a que tomen ventaja de ti, a perdonar y no perdonar, verdaderamente, nos puede paralizar. Tienes que moverte. Emoción es movimiento, solo que ahora, con la sabiduría de Dios y Su palabra, tú le das dirección al movimiento. Muévete en la dirección del amor y la sabiduría. ¡Levántate, retoma tu vida, que se restauren en ti la paz, el gozo y la estabilidad mental que hoy necesitas!

No te imaginas (es un decir porque sé que me vas a entender) la sensación de alivio y libertad interior que se siente cada vez que obedecemos a Dios. Cuando le obedecemos, Su Espíritu nos confirma que, precisamente, eso era lo que esperaba de nosotros. La paz que sobrepasa todo entendimiento ocurre cuando descansamos en Dios obedeciéndole a Él y no confiando en nuestras ideas, opiniones y percepciones.

Dame la oportunidad de reforzar mi punto al presentarte esta analogía basada en lo bien que uno se siente físicamente cuando nos alimentamos correctamente. Sabemos que el azúcar sabe riquísimo, pero es dañino para el cuerpo. Hay alimentos que simplemente nos roban las energías. Mientras están presentes en nuestra dieta, nos sentimos débiles, siempre cansados y con sueño. Cuando corregimos este fallo nutricional y cortamos el azúcar, minimizamos los carbohidratos, aumentamos las proteínas, y nos hidratamos correctamente, de repente, la sensación de energía y vida es impresionante.

Empezamos a comentarle a todos lo bien que nos sentimos. Una sensación de alegría fluye desde el bienestar integral que estamos experimentando en espíritu, alma y cuerpo. Algo parecido es la sensación de obedecer a Dios, de esforzarnos y ser valientes. Comenzamos a sentirnos energizados, felices, livianos, fuertes y sobre todo en paz. Este bienestar viene desde adentro y se refleja en la claridad de nuestros pensamientos y hasta en nuestra forma de manejar problemas y momentos de gran reto. A esto le añadimos el poder testificar de cómo Dios nos guía por el desierto, abriendo puertas que estaban cerradas o simplemente impidiendo que entremos por puertas que no nos convenían. ¡Qué maravillosas son Su divina providencia y Su protección!

Todo cambia, todo tiene sentido, incluyendo las últimas pruebas, porque contra toda contradicción y adversidad escogimos obedecer a Dios y actuar en su nombre. Así mismo nos ocurre cuando aceptamos el gran reto de obedecer a Dios y entendemos que tenemos que tomar la iniciativa de perdonar.

El propósito principal de perdonar, como ya aprendimos en capítulos anteriores, es el de iniciar un proceso de restauración para retomar nuestras vidas. La ofensa produjo un conflicto en nosotros que trajo desequilibrio, y si no perdonamos, es imposible que se pueda restaurar ese equilibrio perdido.

Hacemos lo correcto cuando obedecemos y perdonamos en el nombre de nuestro Dios. Como ya hemos visto, esto no

Capítulo VII

es tan sencillo y lineal como se podría decir o pensar. Pero con el conocimiento adquirido en los capítulos anteriores podemos presentarnos ante la presencia de Dios, pidiendo su ayuda para PERDONAR.

Si quieres comenzar a quitarte de encima el peso negativo del pasado que te duele y te frustra recordar, comienza a operar en esta estrategia provista por Dios llamada perdón. El perdón no es una emoción ni un sentimiento. El perdón es una acción humana asistida por la misma presencia y favor de Dios.

> *El perdón es una acción humana asistida por la misma presencia y favor de Dios.*

El perdón demanda un esfuerzo no común, pero todo se hará para recuperarnos y volver a estar sobre nuestros pies.

El perdón es una función del alma, es cuando tú decides dejar de juzgar y sentenciar a las personas que no te correspondieron como esperabas. El perdón te liberta y te permite amar a las personas, aceptarlas y separarlas de los eventos que te desilusionaron. Cuando perdonas, también has pensado y meditado en la realidad de que tú mismo necesitas perdón. Comenzando por ti mismo, nadie es perfecto; tú lo sabes.

El perdón limpia tu corazón. Cuando hablo sobre limpiar el corazón, me refiero a limpiar toda escama que tenían tus ojos.

Las experiencias de la vida van afinando nuestra visión para hacernos más sabios. Una cosa que vas a discernir y a entender es que cada vez que tú perdonas a alguien, aceptas tu debilidad y la posibilidad de que hagan lo mismo contigo. Estás teniendo con otros lo que deseas que tengan contigo, misericordia y, sobre todo, compasión.

Cuando tenemos compasión es como si le diéramos pausa al video o le bajáramos las revoluciones para estar pendiente a algunos detalles que a veces pasamos por alto. Cuando tenemos compasión de otros, Dios nos muestra a nosotros las áreas donde Él mismo nos está perdonando y está siendo misericordioso. Es vital que aprendamos a ser compasivos en el proceso de dar el regalo del perdón.

Si tu visión espiritual está bastante afinada, la compasión te va a mostrar por qué la gente que te ama, a la misma vez te ofende (partimos de la premisa que te ofenden porque a veces nos sentimos ofendidos sin que nadie nos haya ofendido, pero ese tema lo trabajaremos en otro proyecto), por eso tenemos que estar pendientes al mensaje que nuestras emociones nos quieren transmitir. Compasión nos va a revelar que hay algo más profundo detrás de las palabras o acciones de una persona que me ama y me está ofendiendo.

Toma ventaja de lo que estamos aprendiendo juntos en este libro y no caigas en el error de seguir en automático frente a una persona que sí lo esté. Acuérdate que el que está en automático pasa por alto muchas cosas. Cuando estamos

Capítulo VII

en automático, las cosas que tenemos de frente se vuelven invisibles, no nos damos cuenta de algunas cosas. Esa es una lección que juntos hemos descubierto en esta jornada.

Vamos a visitar las palabras de Yeshua de Nazaret (Jesús) cuando en uno de sus discursos acerca del perdón dijo: *"Y cuando estéis orando, perdonad, si tenéis algo contra alguno, para que también vuestro Padre que está en los cielos os perdone a vosotros vuestras ofensas" (Marcos 11:25).* ¿Te imaginas a Dios limitado, sin poderte liberar del tormento y la amargura que hay en ti por no perdonar? Dios te quiere liberar, te quiere sanar y te quiere perdonar, pero es imposible pedir algo que no estamos dispuestos a dar cuando tenemos la oportunidad de hacerlo.

"No juzguen, y no se les juzgará. No condenen, y no se les condenará, perdonen, y se les perdonará" (Lucas 6:37). "Como Dios también os perdonó a vosotros en Cristo" (Efesios 4:30-32). Ahora en vez de juzgar vamos a abrir nuestros ojos, los ojos de la compasión, y descubriremos que aquellos que ofenden están reaccionando a traumas no resueltos. Cuando alguien te ofende, piensa: ¿quién lo habrá herido? Es aquí donde aprendemos cómo es el ser humano y entonces podemos vernos en esa persona también, y entender que gente herida, hiere.

> **Gente herida, hiere.**

"Y si alguno se imagina que sabe algo, aún no sabe nada como debe saberlo" (1 Corintios 8:2). Aprender es característico de

personas hambrientas de sabiduría que aceptan que la vida es un constante aprendizaje. Es tiempo de aceptar la ignorancia que nos lleva a cometer el error de pensar que estamos bien, cuando lo que estamos es bien mal.

No puedes aprender de situaciones difíciles que has vivido y a las que has sobrevivido, y mucho menos de tu pasado, hasta que evalúes tu percepción llamada "mi realidad". A eso yo lo llamo, el otro lado de la moneda. Lo vemos en la corte cuando el juez después de escuchar un caso pide escuchar la otra parte. Esa es la ley del otro lado de la moneda. Nunca olvides que cada experiencia tiene como mínimo dos versiones y posiblemente necesitemos la versión que nos hará libres.

La verdad, de por sí sola no te hace libre. La verdad que tú conoces, la que experimentas y permites que opere en ti, es la verdad que transformará tu vida y te hará verdaderamente libre. Yeshua de Nazaret (Jesús) dijo: *"y conoceréis la verdad, y la verdad os hará libres" (Juan 8:32 VRV).*

Cuando nos sentimos hostigados o amenazados por alguien o alguna situación que nos está ofendiendo, la reacción normal es defendernos. Muchos, incluyéndome a mí, llamamos "muros" a los diferentes mecanismos de defensa. La ventaja y desventaja de los muros es que, así como te protegen, también te aíslan. Cuando hay un muro entre personas no podemos escuchar bien, no podemos ver y no podemos percibir lo que realmente está ocurriendo. Es como el fenómeno de los mensajes de texto donde tú ves que los mensajes no tie-

Capítulo VII

nen emoción. No sabes si la persona está triste o simplemente te está haciendo una pregunta.

Tenemos que pedirle a Dios que seamos ágiles y flexibles en nuestra mente y en nuestras emociones, ante el comportamiento indeseado de otras personas hacia nosotros. Cuando estemos frente a alguien que nos intimide con su comportamiento, en vez de ser explosivos, tenemos que desarrollar la habilidad y la visión de discernir por qué realmente está molesto y por qué realmente nos sentimos ofendidos.

No podemos seguir viviendo de percepciones y apariencias o jamás creceremos emocionalmente, ni en nuestras relaciones interpersonales. Una vez más, y perdona que lo repita, uno de nuestros grandes enemigos es la prisa, es vivir en automático. De repente no podemos ver lo que tenemos que ver.

Yo no soy perfecto y me falta tanto o posiblemente más que a ustedes, pero estoy en una etapa de mi vida donde tengo tanta hambre de realmente conocer el por qué ciertas cosas están ocurriendo en mi entorno.

Hay mensajes que nosotros recibimos de nuestro cónyuge, de nuestros hijos, que pasamos por alto. Si entendiéramos a tiempo esos mensajes no tendríamos que llegar a conversaciones cargadas de frustración, porque todos tenemos necesidades que tienen que ser suplidas y cuando no ocurren aumenta nuestra irritabilidad.

En nuestro desarrollo infantil estábamos a merced de aquellos que nos criaban, los cuales tenían la responsabilidad de cubrir nuestras necesidades afectivas de aceptación, amor incondicional y protección, entre otras. Lamentablemente, muchos de nosotros, ya de adultos, seguimos esperando que alguien nos ayude a cubrir esas necesidades afectivas.

Es fácil simplemente decirle a la gente, "déjate de niñerías y crece". Cuando hay necesidades en el ser humano sin suplir, estamos hablando de cosas reales y profundas, que no vamos a poder discernir hasta tanto no derribemos los muros y dejemos de tomarlo todo de manera personal.

Nadie te está atacando. Tienes de frente a una persona que se siente lo suficientemente segura en tu presencia como para explotar y expresar lo que aún no puede explicar, aunque es adulto. Cuando Dios te pone en esta situación, ¡derriba el muro! Hay algo que él te quiere mostrar.

No es hasta que vemos que nuestro cónyuge o un hijo, muestra emociones negativas que no tienen nada que ver con lo que está ocurriendo, que entonces, nos preguntamos, ¿qué le pasa?

Léeme bien, pero con tu corazón. Ha llegado el momento en tu vida de desacelerar el ritmo de tu mente de juez. Si lo haces, podrás discernir que alguien con una necesidad sin suplir o con una herida, solo Dios sabe si generacional, te está hablando y no tiene control de sus reacciones ¿Lo entiendes ahora?

Capítulo VII

Si tú amas a esa persona, pídele a Dios que abra tu mente, que te dé discernimiento. Ya es tiempo de que puedas discernir, que en medio de situaciones familiares es que vamos a aprender a perdonar, a dejar de tomar las cosas de manera personal y a soltar, en vez de levantar un muro y defenderte. Eres esa parte de la relación que ve lo que otros no ven.

No tiene que ser alguien que conoces o amas. Si miras bien a tu alrededor estamos rodeados de personas cansadas, llenas de ira e insatisfechos con la vida. Sus estados de conciencia se dejan ver como dominio público. Si llegaste hasta esta parte del libro es porque tú eres uno de los que puede aprender esta gran lección: perdona, aprende y suelta el resto.

Yeshua (Jesús) dijo en *Marcos 4:13 "¹³ Y les dijo: ¿No sabéis esta parábola? ¿Cómo, pues, entenderéis todas las parábolas? ¹⁴ El sembrador es el que siembra la palabra.*" Yeshua enseñó la parábola del sembrador, básicamente, la ley de siembra y cosecha. Al cerrar Su sermón fue muy enfático al señalar que si no aprendemos esta lección no podremos aprender las demás lecciones que él nos quiere enseñar. Así es la vida. Hay cosas que necesitamos aprender primero para luego aprender otras más avanzadas y profundas. Debemos aprender de nuestros errores si queremos seguir evolucionando en la vida. Calcula lo que perdiste y podrás sumar lo que vas a ganar. Convierte tu pasado en un caudal de sabiduría donde el hecho de haberlo vivido te dé la autoridad para enseñar a otros.

Cuando aprendes, detienes el ciclo de autoengaño y autodestrucción y la verdad te guía a hacer lo que tienes que hacer. Cuando aprendes algo bueno y práctico que te lleva a no repetir errores que te hayan costado tiempo, dinero, relaciones o salud, conviertes un evento negativo en uno positivo. Ahora puedes recordarlo y hablarlo sin reproches ni frustraciones.

> ¡Tu sanidad está escondida en el perdón!

Existen áreas en tu vida donde todavía estás marcado por "algo" que preferirías no hubiese ocurrido. Y no enfrentas ese "algo" con un espíritu hambriento y necesitado que sale en busca del tesoro escondido y lo encuentra encerrado en la verdad del perdón. ¡Tu sanidad está escondida en el perdón!

Esas áreas quedarán como sacos de piedra que te pesarán y te sentenciarán a una condena de frustración y negación. Tanto el perdón, como el aprender de tus pasados errores o de aquellas situaciones que realmente ya no puedes cambiar, serán estrategias que te ayudarán en todo el proceso de perdonar, de aprender y de soltar el resto.

Soltar cosas es aceptar que no tienes el control absoluto de NADA. En la vida descubrirás que hay cosas que se pueden restaurar y otras que se tienen que soltar. Hablo de actitudes, hábitos, relaciones etc. Y créeme, soltar es tan complicado como restaurar. Lo vemos en las relaciones de pareja, en las relaciones con uno mismo, etc.

Capítulo VII

Dios te ha equipado con la habilidad de simplemente soltar las cosas. En tu espíritu recibes la sabiduría y la visión de Dios para interpretar los eventos que te rodean. En tu mente decides tener pensamientos positivos, inspirados en el amor y la misericordia de Dios. Tus emociones y sentimientos siempre fluirán en la dirección de tus pensamientos. Si piensas enojo, sentirás ira; si piensas en perdón, sentirás libertad.

Hay cosas que no podrás cambiar. Hay relaciones que no volverán a ser lo que eran antes en tu vida. Hay personas que amas que se irán y no volverán. Sentirás que estás en un terminal esperando por autobuses que nunca pasarán y estarás solo en una parada abandonada de autobuses. Ponte a pensar. Ningún autobús ha pasado por ahí en mucho tiempo. No hay nadie más esperando ahí. Eso está desierto. Sin discutir con nadie, sin preguntarle a nadie, sin echarle la culpa a nadie (no hay nadie ahí porque nada está pasando en ese lugar), llévate tu maleta llena de gente perdonada y de verdades aprendidas. Levántate de ese banquito de espera y con mucha elegancia y determinación de seguir adelante, haz como que te vas de ahí y... ¡Vete! Si deseas puedes hacer una fiesta oficial de despedida. ¿Por qué no? ¡Haz una fiesta de renuncia!

Puedes darte el permiso de verbalizar en voz alta tu discurso de despedida para que haya testigos: "¡Aleluya! Renuncio a continuar amargándome

> Renuncio a continuar amargándome con algún pensamiento o evento del pasado

con algún pensamiento o evento del pasado o con personas cuyos propósitos en mi vida ya caducaron. No lo tomaré de manera personal, ya no más. Renuncio a seguir esperando por algo que sé que no me dará nada. No estoy para seguir esperando y perdiendo. ¡Se acabó! ¡Adiós!"

Mi preciado tiempo y yo, la vida que estoy RETOMAN-DOOOOOOO y yo, nos vamos de aquí; sin problemas ni complicaciones, nada personal. Simplemente, voy a soltar esta situación y me voy a invertir mi tiempo en otro lugar. ¡Adiós! "Bye"!

Ejerce, con mucha cortesía y estilo, tu habilidad de soltar las cosas que son como son y déjalas ahí. No te sientas fracasado al confrontar la lista de situaciones y relaciones que no te han funcionado. Simplemente suelta el resto de las cosas y no te las lleves en tu nueva agenda ni permitas que afecten tu lista de cosas que vas a hacer hoy.

Pausamos para hacer este ejercicio, pero hazlo con todo tu corazón, repite conmigo: "Ya perdoné a las personas, comenzando con la persona más importante; ¡yo! aprendí a extraer el tesoro de la verdad de esta cantera de escombros llamado mi pasado. Ahora para poder entrar en el potencial de mi presente y establecer con gloria mi futuro, me dirijo al reto mayor... soltar el resto".

CAPÍTULO VIII

Fuego y Cenizas

Capítulo VIII
Fuego y Cenizas

La Biblia contiene la palabra de Dios. En las páginas de este libro sagrado podemos encontrar: historia, las narrativas de la creación que distinguen la cosmología del antiguo Medio Oriente, oraciones y cánticos contenidos en los Salmos y sabiduría en las páginas del libro de Proverbios. En los evangelios dentro del Nuevo Testamento, podemos encontrar el testimonio de vida y el ministerio de nuestro Mesías, Yeshúa (Jesús) de Nazaret.

Los primeros cinco libros de la Biblia se conocen en la tradición hebrea como la Torá, palabra hebrea que significa instrucción y conocida en el cristianismo como el Pentateuco. Así que en los primeros cinco libros de la Biblia vamos a encontrar las instrucciones que Dios le dejó a la raza humana en general, a los patriarcas y al pueblo de Israel.

Uno de los libros más complicados y difíciles de entender es el libro de Levítico. Tradicionalmente, a este libro también se le conoce como el "manual de operaciones del protocolo sacerdotal". En el libro de Levítico encontramos el concepto de los sacrificios y los altares. También, vemos la gestión protocolar y los rituales que tenía que efectuar cada sacerdote. Cada uno era el intermediario entre el hebreo que se acercaba a Dios, y el lugar sagrado del templo en Jerusalén, donde se hacían los sacrificios.

Necesitamos un trasfondo bíblico y hablar un poco acerca del contexto ritual de ciertas ceremonias que ocurrían en el templo para que puedas comprender. Es un gran tesoro que quiero compartir contigo; pienso que nos va a ayudar a entender el concepto que quiero presentarte: el fuego del pasado.

En el libro de Levítico 6:8-12 dice "[8] Habló aún Jehová a Moisés, diciendo: [9] Manda a Aarón y a sus hijos, y diles: Esta es la ley del holocausto: el holocausto estará sobre el fuego encendido sobre el altar toda la noche, hasta la mañana; el fuego del altar arderá en él. [10] Y el sacerdote se pondrá su vestidura de lino, y vestirá calzoncillos de lino sobre su cuerpo; y cuando el fuego hubiere consumido el holocausto, apartará él las cenizas de sobre el altar, y las pondrá junto al altar. [11] Después se quitará sus vestiduras y se pondrá otras ropas, y sacará las cenizas fuera del campamento a un lugar limpio. [12] Y el fuego encendido sobre el altar no se apagará, sino que

Capítulo VIII

el sacerdote pondrá en él leña cada mañana, y acomodará el holocausto sobre él, y quemará sobre él las grosuras de los sacrificios de paz."

El templo era el centro espiritual y religioso del pueblo de Israel. Representaba literalmente, el trono de Dios en la tierra y era administrado por la clase sacerdotal (la tribu de Leví y los descendientes del primer sumo sacerdote Aarón). Ellos eran los maestros y mediadores de los sacrificios y rituales del templo.

Todos los días, los siete días de la semana, el templo tenía diferentes clases de sacrificios quemándose en el altar desde aproximadamente, las 9:00 de la mañana hasta las 3:00 de la tarde. Durante este tiempo, los judíos devotos presentaban a Dios diferentes clases de sacrificios.

Cuando estudiamos la palabra sacrificio en hebreo, "Korban", descubrimos algo impresionante. Esta palabra literalmente implica la acción de acercarse a Dios. Los sacrificios eran medios de gracia a través de los cuales los judíos, por diferentes razones, se acercaban a Dios. Se acercaban para alguna purificación o acción de gracias o perdón de pecados o simplemente, porque querían demostrarle a Dios su deseo de acercarse a Él y consagrarse.

Además de los sacrificios que traía el pueblo dos veces al día, se sacrificaba un cordero por la mañana y otro por la tarde. Ahora entendemos la razón por la cual Levítico 6:9 dice: *"⁹ Manda a Aarón y a sus hijos, y diles: Esta es la ley del holocausto: el holocausto estará sobre el fuego encendido sobre el altar toda la noche, hasta la mañana; el fuego del altar arderá en"*.

Y Levítico 6:12 nos dice que el altar tenía un fuego que nunca se apagaba y los siete días de la semana, mañana y tarde, estaba consumiendo sacrificio tras sacrificio.

No nos equivoquemos. Había un protocolo muy estricto para el sacrificio de los animales, de tal manera, que eran degollados sin sufrir dolor. Era como si cada animalito cayera en un sueño profundo.

El sacerdote recogía la sangre del animal para los ritos correspondientes, en y alrededor del altar. Después de removerle la piel al animal, se desmembraba. Según el protocolo del altar, se llevaba al fuego del altar para allí ser consumido y reducido a cenizas.

Literalmente, estoy explicando y resumiendo todo un protocolo complejo que existía en el templo para el tiempo que vivía nuestro Señor Yeshúa de Nazaret. Se le llama el sacrificio diario o el holocausto continuo a todo el sistema diario de sacrificios. Imagínate una parrilla (BBQ, asador, fogón) encendida las 24 horas del día. Su mantenimiento incluía quitar las cenizas generadas tras un largo período de fuego consumiendo la carne.

Capítulo VIII

En el templo las tareas diarias ejecutadas por los sacerdotes comenzaban temprano en la madrugada; desde las 3:00 a.m., aproximadamente. Y ya desde las 6:00 a.m. o al salir los primeros rayos del sol comenzaban a hacer todos los preparativos para los sacrificios diarios.

Una de las tareas principales diarias era remover las cenizas. Cuando había suficientes cenizas, el sacerdote se cambiaba su ropa ceremonial a ropa regular y salía del templo para depositarlas en el área norte del templo en un lugar llamado lugar limpio.

La remoción de las cenizas era algo tan sagrado y tan ritualmente importante, como los mismos sacrificios diarios. El respeto, la reverencia y la dedicación con que se hacían todas estas labores era basado en el hecho de que eran instrucciones directas (registradas en la Torá, específicamente, en el libro de Levítico), dadas por el Creador del universo y el rey de Israel, Dios mismo.

Necesitamos hacer el ejercicio mental de pensar como estos sacerdotes para no subestimar el manejo de las cenizas. La labor de los sacerdotes era muy meticulosa. El manejo de estas cenizas era sumamente importante para ellos, así que no se descartaban en la basura, sino en un lugar limpio.

El detalle del manejo de las cenizas fue lo que más me llamó la atención. Normalmente, cuando alguien está asando carne en una parrilla, al terminar, las cenizas simplemente se descartan totalmente en la basura. Este ritual sencillo tiene encerrado en él la sabiduría profunda de Dios. Si lo entendemos, podemos aplicarlo a nuestra vida.

Cuando estudiamos las Escrituras, especialmente esta parte de la Biblia que habla acerca de rituales y ceremonias, tenemos que darnos la oportunidad de entender la intención de Dios. En el antiguo mundo, los rituales eran parte del protocolo para el hombre poder entrar y acercarse, lo más posible, al espacio sagrado donde habitaba su deidad o sus deidades. El antiguo Israel no era una excepción y participaba de esta mentalidad religiosa espiritual desde el antiguo Medio Oriente.

Los rituales eran también la base, a través de los cuales, Dios le hablaba a la conciencia del hombre. Ritos que tenían que ver con gratitud o consagración, le enseñaban al hombre el valor de darle gracias a Dios por todas las cosas y el precio de una vida dedicada y consagrada a Dios.

Una vez que podamos entender estos ritos en su contexto literal, podemos entonces subir otro escalón en el proceso de interpretación y descubrir el mensaje de Dios para nuestras vidas, ver metáforas en acción, y los principios que podemos aplicar a nuestra vida.

El altar era el lugar donde estaba el fuego consumiendo los sacrificios diarios. Cada día, las cenizas de los sacrificios se recogían hasta sacarlas fuera. No se echaban a la basura pues también tenían un" estatus de limpieza ceremonial," donde se demandaba un manejo con sumo cuidado y respeto.

El altar representa nuestra mente o nuestro corazón procesando (consumiendo el sacrificio) las experiencias de ayer, hasta reducirlas a cenizas. El objetivo de procesar las experiencias que vivimos consiste en interpretarlas correctamente de tal modo, que añadan valor, bendición y crecimiento a nuestra vida.

> *El objetivo de procesar las experiencias que vivimos consiste en interpretarlas correctamente de tal modo, que añadan valor, bendición y crecimiento a nuestra vida.*

Lo importante es que nada en nuestro sistema emocional y mental se quede sin procesar, porque lo que no se procese, nos procesa. Una experiencia que provoque una emoción de enojo, si no se procesa correctamente, puede ser algo que nos procese a nosotros causando una ira que nos envenene.

Una experiencia que provoque extrema tristeza, si no la procesamos como una lección aprendida, puede quedarse en nuestro sistema y crear un filtro en nuestra mente. Ahora todas las cosas las veremos como una amenaza. Si somos sensitivos ante la pérdida, viviremos con miedo, paranoicos; siempre en modo alerta.

Antes de continuar con estos ejemplos, quiero retomar el ritual de las cenizas para compartir con ustedes un detalle importante. Notarás que cuando limpias una parrilla y alejas o separas las cenizas, existe la posibilidad, si te fijas bien, de que haya cenizas todavía encendidas.

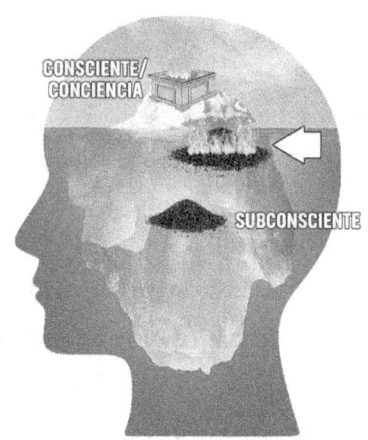

No tiene que ser una ceniza con fuego que se vea desde lejos, simplemente el color rojo te dice que todavía hay una pequeña llama viva dentro de esa ceniza. Se le llama rescoldo a la ceniza que conserva algo de brasas. Lo adecuado es que, al separar las cenizas de la parrilla para guardarlas en un lugar limpio, no haya ninguna ceniza encendida. Una ceniza encendida puede ser peligrosa, pues puede encender los otros carbones y hasta comenzar un fuego, en el lugar donde se están separando las cenizas.

¿Han escuchado alguna vez las frases: "Donde hubo fuego, cenizas quedan" o "Donde hubo fuego, siempre quedan rescoldos"? En este contexto les mostraré algo muy intenso e interesante. Si comenzamos un nuevo día con las cenizas de las experiencias de ayer, todavía encendidas, con pequeñas llamas de fuego, lo que significa es que no terminamos de procesar correctamente las cosas a las que teníamos que darle clausura.

Capítulo VIII

Siempre traigo el ejemplo clásico de cuando tú terminas una relación amorosa. Si no cierras bien esa relación, las cosas que no pudiste resolver emocionalmente se convertirán en cenizas encendidas. Ellas serán parte de tu nuevo comienzo en una relación amorosa, y en la que estarás continuamente comparando a tu pareja actual, con la anterior.

Te puede parecer chistoso o un poco exagerado lo que te voy a contar, pero es cierto. Hay quienes le piden a su novio(a) que, por favor, no use algún perfume en específico porque les recuerda una relación pasada que les costó mucho pesar emocional. Como están siempre comparando, ahora resulta que la pareja actual tiene la misma forma de sonreír que la anterior. ¡Oh, oh! ¡Eso sí que afecta la relación!

Frases y gestos te remontan a relaciones pasadas. Ahora reaccionas ante la persona que tienes de frente, como si estuvieras ante ese alguien, que debió de haberse quedado entre las cenizas, procesado y guardado en un lugar apartado. Hay parejas comenzando una nueva relación, pero atormentados por el fantasma de cosas que no pudieron resolver en la relación anterior.

Tuviste un fracaso en un negocio y no pudiste reconciliarte con la pérdida. Puede ser que al pasar la página y comenzar de nuevo, tengas cenizas encendidas. Estas te impedirán comenzar un nuevo ciclo empresarial libre de miedo.

El último día de tu pasado

> ¿Cuántas cosas has tratado de comenzar hoy y fuegos descontrolados del ayer empiezan a consumir y a destruir todo lo que comenzaste?

Fíjate, al estudiar uno de los rituales diarios del templo, es interesante todo lo que podemos aprender en el sentido simbólico, alegórico y espiritual. Es como si Dios nos estuviera hablando acerca del ritual y el hábito saludable de resolver todos los días los asuntos de ayer, para que no nos quemen las tareas de hoy.

¿Cuántas cosas has tratado de comenzar hoy y fuegos descontrolados del ayer empiezan a consumir y a destruir todo lo que comenzaste? Es tiempo de que apagues el fuego. La frase, fuera de contexto, podría ser un mensaje de doble connotación. Muchas veces asociamos fuego con pasión, pero en este caso, estamos hablando de un fuego destructor, el fuego del pasado que no apagamos.

Cuando el fuego en el altar estaba consumiendo los sacrificios, según la mente judía, lo que estaba ocurriendo era una transformación de la materia. Ellos creían que lo que se estaba consumiendo en el altar, al convertirse en humo, entraba en la dimensión espiritual como adoración en alabanzas al Soberano, sentado en el trono celestial. Así que la percepción de transformación está ocurriendo en el contexto del altar.

De la misma forma, en nuestro corazón tiene que haber una transformación donde podamos nosotros manejar correctamente, todas las cosas que nos ocurren a diario.

Capítulo VIII

Si el fuego que está consumiendo las cosas de ayer se mete en las cosas de hoy, lo que ayer se pudo transformar, hoy se puede destruir. Aquí hay sabiduría de Dios muy profunda. El fuego que en un momento transforma las cosas en alabanzas a Dios, es el mismo fuego que fuera de su tiempo, puede destruir las cosas que tú estás comenzando a construir hoy.

> *Si el fuego que está consumiendo las cosas de ayer se mete en las cosas de hoy, lo que ayer se pudo transformar, hoy se puede destruir.*

El mensaje que Dios nos está dando es que cuando hay que cerrar el ciclo, hay que hacerlo. No puedes finalizar una relación, si no la das por concluida con un juicio en tu mente. Así podrás interpretar todo lo que ocurrió en su justa perspectiva. Y no puedes salir de ese capítulo llevándote algún efecto residual que pueda ser tóxico para el mañana. Así que mantente en modo alerta.

Una relación saludable con el pasado especialmente, con cosas que no nos salieron bien, debe de ser estrictamente de aprendizaje. Es lo único que puedes llevarte de esas experiencias del pasado.

¿Podrás identificar hoy algunas cenizas encendidas en medio de tus nuevas tareas, proyectos y relaciones?

CAPÍTULO IX

Apagando fuegos

Capítulo IX

Apagando fuegos

Es frustrante descubrir que la aceptación y el amor propio que buscabas en la calle, lo tenías todo el tiempo dentro de tu corazón, al otro lado de la sanidad de una herida. La manera de comportarnos al reinterpretar lo que nos haya ocurrido es un reflejo de la ausencia de aceptación y amor propio en nuestras vidas. Aquí uno de los más grandes peligros a los que muchos estamos expuestos: nuestra incapacidad de aceptar y manejar muchas cosas que pertenecen a nuestra realidad refleja falta de autoaceptación y amor propio. Esta manera de comportarse corresponde a algún trauma que a veces ni nosotros imaginamos que hemos tenido.

Nuestra memoria puede conservar vivencias acumuladas durante años. El problema es que es tanta información almacenada y muchas veces desorganizada e inexacta. Nuestras respuestas emocionales a un evento permanecen más

> **En nuestra memoria, los recuerdos no constituyen una reconstrucción fiel y exacta de todo lo que ocurrió en nuestro pasado.**

guardadas en nuestra memoria que los detalles mismos del evento, aun cuando quedamos marcados por ello.

En nuestra memoria, los recuerdos no constituyen una reconstrucción fiel y exacta de todo lo que ocurrió en nuestro pasado. Por eso, aunque no recordemos lo vivido desde nuestra infancia, como el que puede recordar y contar una película de principio a fin, aprendimos a reaccionar emocionalmente, bajo el instinto de supervivencia. La forma en que reaccionamos a estímulos para protegernos y que aprendimos de nuestra interacción con los demás, es un concepto conocido como "respuestas emocionales aprendidas". Nuestras reacciones emocionales las vamos a recordar, aunque no recordemos los eventos externos que las estimularon.

Hay estímulos que nos llevan a reaccionar descontroladamente, porque nos hacen revivir un evento traumático con el que relacionamos esa respuesta emocional. He aprendido que los eventos traumáticos a los cuales reaccionamos son los que quedan grabados en nuestra mente, y eventualmente, quedarán ahí archivados como respuestas emocionales aprendidas. ¿Alguna vez te has visto involucrado en situaciones en las que estuviste fuera de control? Me pregunto, ¿será que tenemos reacciones predeterminadas (por default) y el estímulo es un efecto detonante?

Capítulo IX

Cuando vuelvo a mencionar el instinto de supervivencia, no estoy exagerando. No siempre nos sentimos amenazados o en peligro de muerte física, sino que también podemos sentirnos amenazados por querer protegernos de los embates de la vergüenza, la culpa o de cualquier otra cosa que viole nuestra dignidad.

La memoria no tiene todas las cosas claras y muchas veces recordamos cosas por bloques y pedazos. Muchas veces el mismo cuerpo hace que momentos difíciles y traumáticos queden en nuestra mente como cristales rotos. Esto es para que no tratemos de reconstruir algo que nos cambió la vida negativamente; vivirlo una vez fue suficiente.

Esto es tan profundo y relevante para nosotros, que quizás no lo podamos entender en este momento. Pero mientras leemos estas líneas, espero que por lo menos podamos despertar, ya que aquí queda plasmada la jornada compleja que muchos de nosotros hemos atravesado y a la que hemos sobrevivido.

Los recuerdos no organizados y dispersos hacen que la memoria sea tan frágil que pueda hasta sufrir múltiples ediciones de un video, insertando cosas que nunca ocurrieron o tergiversando las cosas que eventualmente ocurrieron. Esto ocurre por la estrecha relación que hay entre lo que recordamos y lo que sentimos.

En el capítulo anterior hablamos del ritual de las cenizas. Podemos comparar las brasas aún encendidas con pedazos de recuerdos no codificados/procesados en nuestra memoria. Las respuestas emocionales que no entendemos del todo podemos pensar que son el fuego que tenía que haberse apagado en el altar.

Ahora que somos adultos y nos estamos dando la oportunidad de aprender de las lecciones vividas, podemos revisitar nuestro pasado para cambiar la narrativa de los hechos y salvar a ese niño que se enfrentó a situaciones, con las pocas herramientas que tenía. La meta es lograr aprender de las lecciones del pasado y entender el origen de nuestras respuestas emocionales aprendidas. Eso es un reto. Esas respuestas emocionales que mucha gente juzga como impulsividad, son como hijos huérfanos, que no saben ni cómo ni dónde aprendieron a responder emocionalmente a ciertas circunstancias. ¡Hasta aquí te ha traído Dios y Él te seguirá guiando!

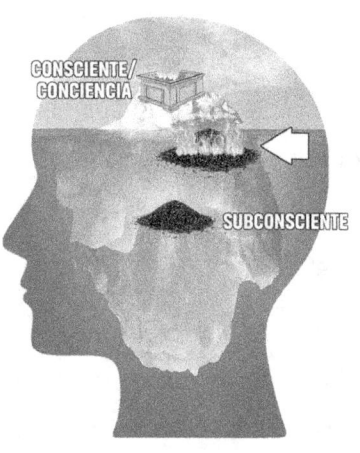

Sabiendo que la vida es un ciclo, créeme, volverás a tener la oportunidad de enfrentarte a situaciones parecidas, pero ahora aplicarás lo que la sabiduría y la experiencia te han

Capítulo IX

enseñado. Un día de estos tendrás la oportunidad de compartir con alguien ya sea un consejo, un testimonio o alguna situación. Y podrás manejar correctamente, en tu presente, lo que te marcó en tu pasado y te hizo heredar "una respuesta emocional aprendida". Así apagamos el fuego destructivo que arrasa con todo lo que cae en nuestras manos.

Esto es algo muy parecido a Adán y a Yeshua (Jesús). En la carta de Romanos, el apóstol Pablo presenta a nuestro Señor y al primer hombre Adán en una relación muy peculiar. El apóstol Pablo cita en Primera de Corintios capítulo 15:45-46,

"⁴⁵ Así también está escrito: Fue hecho el primer hombre Adán alma viviente; el postrer Adán, espíritu vivificante. ⁴⁶ Mas lo espiritual no es primero, sino lo animal; luego lo espiritual."

Cuando estudiamos a Adán como el primer hombre, la palabra hombre en su contexto lingüístico en el hebreo es "ish שיא". Esa palabra hebrea está relacionada con otra palabra hebrea, "esh אֵשׁ" que es fuego. El apóstol Pablo está estableciendo un paralelismo y un contraste, entre el primer hombre, Adán y el postrer hombre, Yeshua (Jesús).

En el Jardín del Edén, el primer hombre falló al caer en la tentación original cuando la serpiente antigua estaba en medio de ellos. El contraste lo vemos cuando Yeshúa como el postrer Adán se enfrenta a la misma serpiente antigua en el desierto, a Satanás (Marcos 4).

Todo este escenario bíblico debe de estudiarse en un paralelismo simbólico, y tiene un mensaje poderoso para nosotros. El desierto, donde nuestro Señor estaba enfrentándose a Satanás, representa el caos y el desastre que el primer hombre había dejado. Lo que un día fue paraíso ahora es desierto.

Mira lo que dice la Biblia en Isaías 51:3 (VRV): *"Ciertamente consolará Jehová a Sion; consolará todas sus soledades, y cambiará su desierto en paraíso, y su soledad en huerto de Jehová; se hallará en ella alegría y gozo, alabanza y voces de canto."*

Yeshua vino a reivindicar al primer hombre, que representa el fuego que convirtió el paraíso en el mismo desierto, donde vemos a Yeshúa enfrentar al mismo enemigo original.

Este cuadro bíblico que acabo de presentarte nos puede ayudar con el cierre de este capítulo. El primer hombre representa nuestro pasado, donde el fuego quemó todas las cosas y ha seguido quemando todo lo que Dios ha puesto en nuestras manos. Imagínate el jardín, o sea el huerto original, como un desierto. Nuestras vidas pueden haber descendido de un paraíso a un desierto. Las palabras del profeta Isaías nos dan esperanza. Dios va a ayudarnos a revertir el desierto de regreso a un huerto, un jardín.

Yeshua apagó el fuego destructor del primer hombre. A medida que tú y yo vamos creciendo, en nuestras altas y en nuestras bajas, iremos aprendiendo. Con este despertar que estamos experimentando, verás a Dios dándote la oportuni-

Capítulo IX

dad de revisitar los lugares en tu mente, en tu memoria, donde "no sabías qué hacer", "no sabías cómo reaccionar". Sin temor podrás reinterpretar tu pasado y descubrirás una nueva narrativa donde podrás reivindicarte. ¡Ese día lo **AFIRMARÁS CON TODAS LAS FUERZAS DE TU CORAZÓN** como el último día de toda condenación, vergüenza y culpabilidad!

El próximo capítulo es muy significativo para mí. A través de esta historia fue que Dios abrió mis ojos y me hizo ver los conceptos que acabo de compartir con ustedes en todos estos capítulos.

No voy a darles una prueba de comprobación de lectura. Solo sé que, si aplican los capítulos anteriores, analizan y descubren el mensaje de la narrativa bíblica que les voy a compartir, Dios hará con ustedes lo que hizo conmigo: ¡Les abrirá los ojos! Amén.

Capítulo X

Capítulo X
¡Tu bebé está muerto!

Dar golpes al aire es una frase que utilizo bastante cuando quiero decir que estamos gastando energías, pensando o actuando sin dirección y sin un propósito definido. Es simplemente una reacción movida por un instinto de preservación. Todos hemos sentido en una ocasión u otra, la sensación de estar atrapados o acorralados en momentos difíciles de gran prueba.

Cuando los hebreos salieron de Egipto, estuvieron en un momento acorralados por el mar Rojo de frente y con el ejército de Faraón por la retaguardia. Es interesante entrar en el contexto lingüístico de las Escrituras y descubrir que la palabra Egipto en hebreo lo que quiere decir es "atrapado, lugar estrecho". Esta definición, con relación a la historia del pueblo hebreo frente al mar Rojo, describe perfectamente la experiencia de estar atrapados en una situación sin salida.

Los hebreos se llenaron de terror y comenzaron a pelear con Moisés echándole la culpa de la situación en la que estaban atrapados. La culpa no era de Moisés. Él los sacó de Egipto como el libertador. Debía ser su héroe. Era el siervo usado por el poder de Dios. Como todo ser humano, no sabemos cómo vamos a reaccionar ante situaciones que nos hagan sentir un peligro real, que amenace con acabar con nuestra vida.

Mientras estudiaba este pasaje bíblico quería ver si había alguna relación entre la reacción de este pueblo ante el peligro y cómo entenderlo en términos psicológicos. Y, sobre todo, aprender del relato bíblico alguna aplicación práctica para mi vida, en este sentido.

El término psicológico que describe la reacción del ser humano con un instinto de preservación es "instinto de supervivencia". El instinto de supervivencia es una respuesta automática que nos lleva a protegernos ante situaciones que percibimos como peligrosas o amenazantes para nuestra vida. Este instinto de supervivencia puede manifestarse a través de diversas reacciones conocidas como luchar o huir (fight or flight), donde una persona enfrentará el peligro o escapará de él.

Este instinto es fundamental para la conservación de la vida y es una de las respuestas más básicas y esenciales en los seres humanos y en muchos animales. Este instinto se activa en situaciones de estrés extremo. Cuando una persona se

Capítulo X

siente acorralada, sin salida, activa recursos físicos y mentales para protegerse.

En capítulos anteriores, hablamos acerca del dolor y el sufrimiento, y aprendimos que, si hay algo inevitable en esta vida, además de los cambios, es el dolor. Dolor puede tocar a las puertas de tu vida de diferentes formas. Dolor puede llegar a través de la tragedia devastadora de la muerte de un ser querido: cónyuge, padres, hijos. También, puede llegar a través del diagnóstico de alguna enfermedad terminal; por la pérdida irremediable de un negocio, donde invertiste todo tu capital; por perder tu casa, a causa del azote de algún huracán. Una de las cosas importantes que aprendimos es a relacionarnos correctamente con el dolor como punto de partida, porque en esta vida realmente, no hay nada perfecto.

Como autor de este libro no estoy escribiendo por escribir simplemente teoría, sino que quiero mantenerme sensible a nuestra fragilidad humana. Nadie está preparado para reaccionar de la forma más efectiva y perfecta ante eventos que traen dolor, y mucho menos ante los sucesos trágicos que llegan como elemento sorpresa.

> Nadie está preparado para reaccionar de la forma más efectiva y perfecta ante eventos que traen dolor,

Voy a compartir contigo una perspectiva interpretativa de una historia que encontré en la Biblia. Esta historia y la historia de mi proceso de transformación, que todavía estoy experimentando, son las que me impulsaron y me inspiraron a escribir este libro.

Ahora vamos a la narrativa que identifica mi libro. Espero que abras tu corazón para entenderla.

Leamos el relato bíblico de 1 Reyes 3:16-28:

"En aquel tiempo vinieron al rey dos mujeres rameras, y se presentaron delante de él. Y dijo una de ellas: ¡Ah, señor mío! Yo y esta mujer morábamos en una misma casa, y yo di a luz estando con ella en la casa. Aconteció al tercer día después de dar yo a luz, que ésta dio a luz también, y morábamos nosotras juntas; ninguno de fuera estaba en casa, sino nosotras dos en la casa. Y una noche el hijo de esta mujer murió, porque ella se acostó sobre él. Y se levantó a medianoche y tomó a mi hijo de junto a mí, estando yo tu sierva durmiendo, y lo puso a su lado, y puso al lado mío su hijo muerto. Y cuando yo me levanté de madrugada para dar el pecho a mi hijo, he aquí que estaba muerto; pero lo observé por la mañana, y vi que no era mi hijo, el que yo había dado a luz. Entonces la otra mujer dijo: No; mi hijo es el que vive, y tu hijo es el muerto. Y la otra volvió a decir: No; tu hijo es el muerto, y mi hijo es el que vive. Así hablaban delante del rey.

El rey entonces dijo: Esta dice: Mi hijo es el que vive, y tu hijo es el muerto; y la otra dice: No, más el tuyo es el muerto, y mi hijo es el que vive. Y dijo el rey: Traedme una espada. Y trajeron al rey una espada. Enseguida el rey dijo: Partid por medio al niño vivo, y dad la mitad a la una, y la otra mitad a la otra. Entonces la mujer de quien

Capítulo X

era el hijo vivo habló al rey (porque sus entrañas se le conmovieron por su hijo), y dijo: ¡Ah, señor mío! Dad a ésta el niño vivo, y no lo matéis. Más la otra dijo: Ni a mí ni a ti; partidlo. Entonces el rey respondió y dijo: Dad a aquella el hijo vivo, y no lo matéis; ella es su madre. Y todo Israel oyó aquel juicio que había dado el rey; y temieron al rey, porque vieron que había en él sabiduría de Dios para juzgar."

La noche de la mujer invisible

Durante la noche las calles reciben la visita y el gran tráfico de personas: los que salen a trabajar, los que vienen de trabajar, los que salen a cenar y a lugares de entretenimiento. Hay unos que desahogan un impulso, que esconde una necesidad, que ellos mismos desconocen. Y es ahí donde ocurre el encuentro entre seres desconocidos y necesitados.

Noche tras noche hombres cubrían su cuerpo con el sudor de una velada sensual sin amor. Entre caricias y susurros apasionados le hacían creer a esta mujer que era amada. Ella sabía que estos hombres no la amaban, pero había aprendido a disfrutar de esas mentiras temporeras y a imaginarse que era especial y amada. Si tan solo ella abriera sus ojos y comprendiera que su valor no dependía de lo que ella hacía. Nadie le ha enseñado cuánto vale. Vive su vida buscando amor y aceptación en el lugar equivocado y, por ende, con la persona incorrecta. Es que ella no se acepta y lo que no se

> **Nadie le ha enseñado cuánto vale. Vive su vida buscando amor y aceptación en el lugar equivocado**

acepta, no se ama; por eso se castigaba con su auto rechazo. ¡No entiende que es una sobreviviente! Si ella hiciera una revisión de su vida entera, entendería que Dios jamás la ha abandonado. Él la ha cubierto, consolado, levantado, amado. Ha estado con ella en todas sus vivencias. ¡Habrá sido invisible para los demás, no para Él!

Es impresionante lo que podemos hacer por mantener vivo algo que no es real. Una vez escuché que la necesidad era la madre de la creatividad. La necesidad de esta mujer la llevaba a vivir, en los brazos de cada hombre, la mentira de que era una mujer especial. Ella era la mujer invisible. Solo la conocían los extraños que la llevaban a la cama.

Los hombres la querían usar, alquilar, para citas confidenciales; escondidos tras las puertas del engaño moral. Noche tras noche procuraban a esta mujer invisible. De día ningún hombre la conocía. De noche todos la querían como su cena prohibida. Muchos hombres la tenían, pero ella no tenía a ninguno. Ella no tenía a nadie. No tenía nada. Hasta que un día todo cambió. Su periodo se ausentó por más de diez días. Comenzó una avalancha de hormonas en su cuerpo, que la llevó a un estado sensible. Lloraba todo el tiempo y tenía el vientre hinchado, y náuseas y fatiga excesiva.

Confirmado: ¡La mujer invisible está embarazada! No sabe quién es el padre, pero a ella no le importa, porque este embarazo es la fuente de su alegría. Lo que tiene ahora

Capítulo X

en su vientre la hace sentir completa. Ya no necesita buscar nada afuera; dentro de ella, en su ser, en su vientre, tiene algo que ella ama.

Nace el bebé y ella también nace de nuevo. Comienza una temporada de sueños y planes. La llegada de un bebé marca el nacimiento de una nueva etapa en la vida, un nuevo comienzo lleno de expectativas. Nace el bebé con los ojos de mamá y su misma sonrisa. Mamá lo contempla extasiada y piensa en la ropita que le pondrá;

> *Su fe y esperanza de echar hacia adelante están en este potencial de sueño alcanzado llamado "mi bebé".*

cómo lo peinará, los valores que le inculcará, los cumpleaños que le celebrará, su primer día de clases, los deportes que practicará, las clases de música, sus estudios universitarios, el día de su boda. ¡Wao! Aquí está su heredero, la oportunidad de mamá de hacer las cosas bien y de alcanzar sueños y metas. Mamá lo tiene todo planificado y soñado. Su fe y esperanza de echar hacia adelante están en este potencial de sueño alcanzado llamado "mi bebé".

Esta mujer, ramera de "profesión", comparte con una compañera un apartamento que pagan entre las dos. Ambas quedan embarazadas y dan a luz para el mismo tiempo. ¡Una doble bendición!

¿Alguna vez has pensado que eres el único que está experimentando pruebas y tribulaciones y todo el mundo está como si nada? La gente no está por ahí vociferando y anunciando las pruebas y los momentos difíciles que están pasando. Las pruebas y los infiernos casi siempre los pasamos en la intimidad del campo de batalla de la mente. Nadie sospecha ni se imagina que los que sonreímos, estamos batallando cada día para no rendirnos para siempre.

En este caso, se trata de dos personas que están experimentando la misma bendición de quedar embarazadas. Lo interesante es que quedan embarazadas viviendo en el mismo lugar y en el mismo tiempo.

Aquí es donde tenemos que aceptar que el Dios todopoderoso creador del cielo y de la tierra, que tiene nuestros días en sus manos, está en medio de la preparación del drama. Descubriremos uno de los mensajes más grandes y crudos de sanidad emocional que jamás encontrarás en narrativa bíblica alguna.

Una noche esta madre soñadora, vencida por el cansancio de sus labores nocturnas, cubre accidentalmente con su cuerpo a su bebé, asfixiándolo. El bebé muere mientras ella duerme. En la mañana ella despierta con sus pechos llenos de leche. Es que su reloj biológico está amarrado al reloj nutricional de su bebé. Cuando lo busca para amamantarlo, se percata de que está muerto.

Capítulo X

¿Cuántas cosas se nos van muriendo mientras estamos durmiendo? Dormimos el sueño de la mentira pensando que libros como este no son para nosotros, sino para otras personas. Debemos preocuparnos porque dormimos pensando que estamos bien y culpamos a nuestra personalidad y a nuestro carácter. Pensamos que tenemos todo el tiempo que necesitamos y eso no es así. Tú y yo no sabemos cuánto tiempo tenemos. Puedes saber exactamente cuánto dinero tienes en tu cuenta de ahorros, pero no sabes cuánto tiempo te queda en tu cuenta regresiva hasta el día de tu muerte.

> ¿Cuántas cosas se nos van muriendo mientras estamos durmiendo?

Cuando el dolor toca a nuestras puertas, no siempre nos avisa. La realidad es que el dolor es inevitable. Cuando nos toque un gran dolor, que Dios nos ayude a manejarlo, para que luego el sufrimiento no nos robe lo que nos quede de vida.

Mamá toma en sus brazos a su bebé sin vida. Es un momento donde todo se detiene y no quiere entender nada. Es como chocar con una pared de cristal tan transparente que, si no fuera porque chocas con ella, ni te darías cuenta de que está ahí. El choque no necesariamente te despierta, porque no viene de afuera, sino de adentro. Chocamos con el muro de autodefensa para proteger nuestra mente de un golpe que no podemos manejar debido a su tamaño.

Ella no se quedó paralizada ni cayó destrozada de dolor ni lloró aceptando su dolor, hizo todo lo contrario.

La desconexión de la realidad, que no deja de ser una forma primitiva e instintiva de defendernos de la tragedia, ahora nos lleva a una fase de este asunto llamado "negación". Quiero que vayas comprendiendo a esta madre. No la juzgues. Solo quiero que puedas entender lo que está haciendo. Si la juzgamos, no podremos vernos en ella y aprender de esta tragedia. Somos expertos juzgando y reaccionando con asombro, cuando vemos cómo otros reaccionan en situaciones estrechas y complicadas. Juzgamos a nuestros hijos y a nuestro cónyuge. Juzgamos a los hebreos simplemente, porque tenían calor en el desierto, en el día número veinte, de los cuarenta años, que les tomó atravesar el desierto árido. Juzgamos al adicto que reincide, sin tener idea en qué consiste romper vicio. No sabemos nada acerca de la base biológica de la adicción. Tampoco sabemos qué parte del poder de la adicción puede tomar el control e incluso destruir regiones cerebrales fundamentales, que se encargan de ayudarnos a sobrevivir. En nuestra ignorancia vemos las cosas como livianas, cuando no lo son.

Ahora viene lo que ninguno de nosotros esperábamos que hiciera. Aprovechando que su compañera dormía con su recién nacido, fue sigilosamente e intercambió los bebés. Le dejó a ella en la cama, el fruto sin vida de su vientre, quedándose con el bebé vivo.

Capítulo X

Su compañera de cuarto despertó y vio que el bebé que dormía a su lado no era el suyo. De primeras, no notó que el bebé estaba muerto, solo vio que no era el suyo. ¡Su bebé estaba en los brazos de su compañera! Entonces se percató del acto atrevido, desesperante e irracional de esa mujer.

Piensa. Después de esperar tanto tiempo, de creer y planificar un proyecto, un sueño o un negocio, te levantas por la mañana, y sin ninguna explicación, te enfrentas a la realidad de que se acabó lo que apenas comenzaba; murió tu bebé.

Anunciaste la inauguración de una nueva etapa en tu vida y lo celebraste con tus amigos y familiares. Alcanzaste un sueño, inauguraste un negocio, tuviste un hijo, te casaste, te sentías realizado y, repentinamente, todo cambió. Ahora todos te preguntan, ¿qué pasó? Y no sabes qué contestar.

Posiblemente, eras una persona que creías en Dios, pero no creías en ti mismo. Experimentaste un despertar repentino donde te abrazaste, te celebraste y te diste la oportunidad de creer que tú sí lo podías lograr con la ayuda de Dios. Venciste la negatividad y el miedo. ¡Parecía que había llegado tu momento!

> Posiblemente, eras una persona que creías en Dios, pero no creías en ti mismo.

¡Alcanzaste tu sueno! Inesperadamente, algo sucedió que desafió todas las reglas de la lógica. En un abrir y cerrar de ojos, lo que acababa de comenzar, ¡se derrumbó!

Tomaste el examen de reválida por tercera vez, y no lo aprobaste. Tú socio te dejó después de invertir tiempo y dinero. Te divorciaste después de levantar una familia y haber tenido tantos años de felicidad. Recibiste una llamada telefónica de que uno de tus hijos acaba de morir. Se invirtió el ciclo de la naturaleza, tenías que morir antes que tus hijos. En medio de tu pérdida, le cuestionas a Dios ¡Qué mucho le cuestionamos a Dios! La resignación y el silencio muchas veces son las únicas opciones que encontramos frente a situaciones que podemos llamar: la muerte de mi bebé.

En esta narrativa bíblica estamos hablando, literalmente, de un bebé, el bebé de una ramera. Aplicándolo en términos metafóricos, el bebé puede ser un concepto. Un bebé es algo que sale de ti y con el cual siempre estarás conectado emocionalmente. Un bebé puede ser un negocio, el sueño que por fin alcanzaste, una carrera universitaria, el proyecto de escribir un libro o el grabar un disco. Aparte de tus hijos, ¿has tenido alguna vez algo que llamaste, "mi bebé"?

Por más difícil y dolorosa que sea su realidad, tendrá que aceptarla. ¡Su bebé está muerto! Le hacemos justicia a las emociones de su fragilidad humana, entendemos su dolor.

En el proceso de aceptar que el bebé está muerto, surge una demanda de preguntas: ¿Por qué? ¿Qué pasó? ¿Qué fue lo que yo hice? ¿Dónde está Dios? ¡No entiendo! Podemos pensar que cuando ella reciba respuestas a todas sus preguntas, podrá entonces aceptar que su bebé está muerto.

Capítulo X

El proceso de sanidad y de restauración de nuevas fuerzas comenzará cuando lo más difícil ocurra: la aceptación de la muerte de tu bebé. No resistas el dolor. Necesitas aceptar el dolor para que, puedas moverte a la próxima fase del proceso de tu sanidad. ¡Qué difícil! ¡¡ Ayúdanos, Señor!! Se necesita mucha empatía, sensibilidad y compasión. Así es este proceso.

Una vida espiritual, mental y emocionalmente balanceada es lo que necesitas para responder a situaciones como estas. La verdad es que esto es lo ideal, pero en la gran mayoría de nuestras vidas no es real. Vivimos en un mundo demasiado de hostil, un mundo cambiante a toda velocidad, que no coopera con los valores que abrazamos muchos de nosotros.

No es nada fácil vivir balanceado en un mundo caótico. Se presentan situaciones que te amenazan con un golpe bajo para desbalancearte, desenfocarte, desanimarte. Y, en los peores casos, como en el caso de esta mujer con el bebé muerto, desconectarte de la realidad que ahora tienes delante.

Negación es una reacción natural por el momento. "¡No, no, no puede ser que mi bebé esté muerto! ¡No es justo, a mí no me puede estar pasándome esto, a mí no!" Lamentablemente, es a ti. Es tu bebé, es tu realidad y si no procesas este momento de dolor, te quedarás atrapado en la trampa emocional de la negación. Huirás de aquello que no quieres aceptar. Tu única forma

Si no procesas este momento de dolor, te quedarás atrapado en la trampa emocional de la negación.

de "huir" de lo real es escondiéndote en un mundo irreal o imaginario o inventándote un pseudo-mundo, rechazándote a ti mismo.

Muchas personas acuden a las drogas, al alcohol, a la comida, y a otros escondites con fachadas de diversión. Ahí esconden y reprimen las emociones y el dolor de eventos que no pudieron procesar ni entender.

Muchas veces gente herida en su pasado desarrolla una coraza o levanta un muro de protección. Este realmente se convierte en un muro de aislamiento y les afecta tanto que no pueden expresar correctamente lo que sienten. También pueden llegar al extremo de ser insensibles a las emociones comenzando con los suyos y con aquellos que les rodean.

Cada vez que reprimes o rechazas lo que sientes o piensas, sin confrontar tus propias emociones y pensamientos, te rechazas a ti mismo. Dejas una parte de ti abandonada, sin atender, sin consolar y sin sanar, que pasará a ser parte de la carga de un evento en tu pasado.

Este evento afectará el desarrollo de tu ser interior, tu manera de interpretar la vida y tu potencial para superar otros retos de fe y determinación. ¡Supérate! Así podrás liberar y traer a la escena de tu vida, al guerrero y rey conquistador que está esperando manifestarse.

Capítulo X

Tu bebé está muerto. Lo que ayer era, hoy no lo es. Si no aceptas que el bebé está muerto, lo sostendrás contra tu pecho, tratando de alimentar algo que ya no llora, no respira, no vive. ¡DESPIERTA! ¡SI YA ESTÁ MUERTO, HAY QUE ENTERRARLO! ¿QUÉ HACES ALIMENTANDO ALGO MUERTO? Si no aceptas esta realidad habrá algo descompuesto en tu vida y en tu corazón.

Cuando alguien muere, entra en acción el protocolo del proceso para enterrarlo: autopsia, velorio, la despedida final, entierro en el camposanto, duelo. Lo mismo harás con situaciones que no salieron como esperabas, con relaciones irreconciliables, con errores del pasado, con experiencias que te marcaron, con cosas que no puedes cambiar.

Procesa, acepta y confronta. Tienes una vida que vivir, otro bebé que parir, otra oración que hacer, otra puerta que tocar, otro producto que vender y otro cliente que visitar. Hay más personas en este planeta y más oportunidades que vendrán a ti.

Si no aceptas esta muerte, eso no quiere decir que el proceso natural no ocurrirá. Lo que no se entierra, hiede. Así que entierra eso que murió en tu vida o las demás personas que se relacionan contigo van a percatarse del olor a muerte. Se darán cuenta a través de tus actitudes, tus conversaciones, tus prejuicios, la forma en que reaccionas a algunos eventos y personas. Cuando te relacionas con algo enfermo, te enfermas; si es con algo muerto, te mueres. Procesa y acepta que tienes una asignación, una misión que sólo tú puedes cumplir, porque es tuya.

CAPÍTULO XI

Ser tú mismo duele demasiado

CAPÍTULO XI

CAPÍTULO XI
Ser tú mismo duele demasiado

La mujer, al no aceptar la muerte de su bebé, lo intercambia en vez de enterrarlo. Ella no quiso aceptar lo que le estaba ocurriendo. ¿Lo ves? Podemos quedarnos por meses, días y años en la primera etapa llamada negación. No es hasta que aceptemos el dolor, que entonces comenzará todo un proceso de restauración emocional.

¿Cómo se huye de algo que nos acaba de ocurrir, como en este caso del bebé muerto de esta mujer? Se huye en la mente.

Cuando la mamá del bebé muerto intercambia su bebé, podemos imaginarnos los minutos o las horas transcurridas antes de que su compañera despertara. Imagínatela abrazando al bebé y hablándole. ¿Hasta dónde podemos conven-

> **No es el miedo a ser sano, sino el miedo al proceso de sanar.**

cernos a nosotros mismos de que estamos abrazando una mentira? No es el miedo a ser sano, sino el miedo al proceso de sanar. Este proceso comienza cuando se abraza el dolor y no cuando se abraza la mentira de que algo ajeno nos pertenece.

El proceso de abrazar el dolor se parece a cuando tú estás tratando de entrar en una ducha o una piscina con agua fría. Lo vas intentando, entrando y saliendo, negociando con tu nivel de tolerancia a la temperatura del agua. Se llama tolerancia al dolor. Sabemos que no podrás huir para siempre y, tarde o temprano, todos se darán cuenta de que te estás relacionando con algo que no es real. Lo sabes, y por eso intentas manejar un poco el dolor, pero regresas a la mentira del bebé en tus brazos, y mañana lo vuelves a intentar. Así vives todo un gran capítulo de tu vida.

Le estaba costando demasiado ser la madre del bebé muerto. Todos los días peleaba con su compañera mientras ella le reclamaba lo que estaba haciendo. ¿Hasta dónde estamos conscientes de que nuestra familia y las personas que tienen estrecha relación con nosotros, pueden ser afectadas cuando vivimos en una burbuja inventada por nosotros mismos, para aislarnos de la realidad?

Me imagino el día que tuvieron que enterrar al bebé: la verdadera madre fingiendo que no lo era y permitiendo que se enterrara a su bebé; el bebé sin la cobertura de honor y

CAPÍTULO XI

amor de parte de su madre, mientras cubrían de tierra el ataúd. Vivir y morir sin la sombra de los padres debe de ser muy difícil.

"¡Mi bebé no está muerto, el mío es este (con el bebé de su compañera en brazos), el que vive; el de ella es el que está muerto". ¡Esta situación no me está pasando a mí, es a ella!" Cuando rechazamos lo que nos ocurre, nos rechazamos a nosotros mismos y a todo lo que Dios ha puesto en nuestras manos. Su negación fue la fuerza creativa, que le sugirió tomar para sí el bebé de la otra mujer, y creerse la mentira de que el bebé que ella halló muerto, en esa mañana, no era el suyo.

Veamos ahora cómo la muerte del bebé desencadenó una serie de consecuencias, como un efecto dominó. La madre del bebé muerto:

- Rechaza lo que le ocurrió y escapa de su realidad.

- Lo intercambia por el bebé vivo de su compañera, apoderándose de algo ajeno.

- Se cree su propia mentira.

- Le crea una situación de desesperación y angustia a la verdadera madre del bebé vivo.

La madre del bebé muerto dejó de ser ella; ser ella dolía demasiado. Dejó de ser ella para ser la otra. Al fin prefería ser cualquiera menos ella misma, porque sabía que su bebé había muerto. Se rechazó para ser otra, abandonándose en la soledad de la angustia inconsolable de una mujer, con su sueño muerto.

Ahora tiene que fingir ser alguien que no es. Se mantiene ocupada en cosas "importantes" para no tener tiempo de atender las cosas determinantes. Necesita pensar en lo que tiene que pensar, ver lo que tiene que ver y procesar lo que tiene que aceptar.

No importa lo que hayas perdido, el dolor o la confusión que tengas, no te encueves en un refugio de víctimas rechazadas sin esperanza. ¡Sal de esa cueva con todo y dolor! ¡Sal gritando! ¡Sal llorando! ¡Sal con todas tus deudas en las manos! ¡Sal con tu vientre de cinco meses siendo madre soltera! ¡Sal con todos tus errores y defectos! ¡Sal a buscar a Dios! ¡Sal a buscar Su sabiduría! ¡Sal, sal y no te condenes con algo que tienes que procesar ahora! ¡Sal en el poderoso nombre de tu Señor y Salvador y corre a Él! ¡Ahora!

Puedo escuchar tu voz decir: "Es que ser yo me duele demasiado. Ser yo implica aceptar lo que me ha pasado y no puedo aceptarlo. No, no puedo. Ser yo me recuerda mi niñez, de cómo fui abusado y maltratado. Ser yo me recuerda los cumpleaños que nunca me celebraron, los juguetes que nunca tuve, las caricias y el tiempo que mis padres nunca me dieron. Ser yo no ha sido fácil; todo lo contrario, ha sido complicado, una vida con más necesidades que satisfacciones.

CAPÍTULO XI

Conocer los padres de mis amistades y pensar en los míos, me causaba el dolor de soñar que tenía otros padres, que vivía en otra casa. Quería ser el amigo al que le celebraban sus logros, sus cumpleaños. Quería jugar con sus juguetes y decirle a los que me veían jugar que eran mis juguetes aunque fuera por un momento, mis juguetes, mi bebé. Por eso mi mente se bloqueó, y dentro de mí decidí no ver, no mirar, no recordar, aunque me costara borrar de mi mente consciente los años de mi niñez. Me duele ser yo. Me duele aceptar lo que viví."

Vemos mujeres incompletas porque las experiencias propias de su niñez fueron interrumpidas. Vemos hombres inestables porque tuvieron una niñez con presiones de adultos. Ambos esperaban heredar de sus padres las herramientas necesarias para su formación.

No es fácil aceptar la muerte de tu bebé. Ese bebé tiene tu sangre, tus genes, tu nombre y tu apellido. Necesitas una buena dosis de verdad que te libere y te suelte, para tomar este asunto en tus manos y hacer lo que tienes que hacer. ¿Por qué no aceptas lo que te está pasando, en vez de correrte el riesgo inevitable de herirte más con tu propio rechazo? Si no aceptas enfrentar y concluir este capítulo en tu vida, serás un libro incompleto. Tendrás capítulos sin terminar. Tendrás capítulos que aparecen en la tabla de contenido, pero que no aparecen escritos. Esto hará que, a tu libro, tu vida, le falte sustancia y definición. Estarás incompleto. Gente incompleta crece para ser gente insegura e inestable.

Te dejaste a ti mismo abandonado con una situación real sin resolver. Adoptas la fantasía de ser una madre con su bebé vivo, cuando sabes que el tuyo está muerto. No solamente tú, sino dos o tres personas más, también saben tu verdad, y por eso prefieres no estar con ellos. Son las personas que te dicen: "¿Qué tú dices? ¿Qué tú haces? Tu bebé murió." Por eso te incomoda rodearte de gente a la que no puedes manipular ni controlar; gente que no va a jugar tu "jueguito" ni a tocar tu melodía favorita en el arpa, como lo demandaba el rey Saúl a David. Ahora, en vez de madurar y tomar este asunto de frente y crecer, te conviertes en alguien que no eres y nunca serás. ¡Devuélvele el bebé con vida a su verdadera madre!

Encuéntrate a ti mismo, aunque te duela, porque en ti está la gracia para superar este asunto. Es tu bebé. Es tu vida. Es tu turno de convertirte en el héroe de fe para ti. Es entonces que serás un instrumento y agente de inspiración. Otros verán lo que la gracia de Dios puede hacerles en el momento de mayor desgracia en sus vidas. A mayor desgracia, mayor será la gracia de Dios en ti. Entonces, ¡el llanto se convertirá en gozo, el dolor en sanidad, el desierto en ríos, la pobreza en prosperidad y la crisis en victoria!

> **No huyas de ti. No has sido justo contigo mismo.**

No huyas de ti. No has sido justo contigo mismo. Estás escondiendo el tesoro más preciado que eres tú, un sobreviviente con un testimonio, que otros necesitan escuchar. Eres único y especial. Fuiste creado con propósito.

CAPÍTULO XI

No permitas que el propósito y la intención, que movió a Dios a crearte, se ahoguen en este mar de dolor. ¡Permítele a Dios cumplir Su propósito en ti! No estás solo, Él está contigo.

Dentro de ti hay un propósito, creado por Dios y sembrado en ti para que des fruto en esta vida y puedas saciarte del destino glorioso que hay en ti. No te condenes deseando ser otra persona. Todos tenemos cosas que aceptar y procesar. No te rechaces ni huyas de ti. ¡Levántate! Entrega el bebé vivo y toma el tuyo. Corre hacia ti. Búscate, ámate, refúgiate en Dios. Háblate y dile a tu mente y a tus emociones: "Perdónenme por dejarlos así. Me voy a recoger y me voy a entregar en los brazos de mi Padre Celestial, mi Creador y mi Dueño."

La negación de sí mismo y de las propias circunstancias es un mecanismo de defensa psicológica, en el que una persona se niega inconscientemente a aceptar o reconocer aspectos de sí misma o de su situación vital. Esta negación puede manifestarse de varias maneras:

1. Negación de la realidad: La persona puede negarse a reconocer la existencia de ciertos problemas financieros, de relaciones interpersonales o de salud, incluso cuando son obvios para los demás.

2. Negación de las emociones: El individuo puede reprimir o ignorar sus sentimientos, convenciéndose de que no está enojado, triste o temeroso, incluso cuando esas emociones afectan claramente su comportamiento.

3. **Negación de la identidad:** Esto puede implicar rechazar los propios rasgos, deseos o incluso identidad. Por ejemplo, al idealizar a alguien al extremo de tratar de ser esa otra persona, rechazando quién es.

4. **Negación de responsabilidad:** Aquí, una persona puede evitar asumir la responsabilidad de sus acciones, culpando a factores externos o a otras personas.

La negación puede servir como un mecanismo de defensa a corto plazo, ayudando a las personas a evitar el dolor o la incomodidad. Sin embargo, si se convierte en un hábito a largo plazo, puede provocar una angustia psicológica significativa, ya que impide que la persona aborde y resuelva otros asuntos de su vida. Con el tiempo, esto puede contribuir a una serie de problemas de salud mental, como ansiedad, depresión o confusión de identidad.

> La vulnerabilidad es cuando enfrentamos y superamos el temor a ser auténticos

Viendo la negación como un mecanismo de defensa, quisiera aprovechar y hablar acerca de la vulnerabilidad. La vulnerabilidad es cuando enfrentamos y superamos el temor a ser auténticos, expresamos nuestras emociones y nos exponemos a ser rechazados. Es cuando somos honestos y nos armamos de valor y coraje para admitir nuestros miedos y debilidades y podemos afirmar en nuestra vida que hoy será el último día

CAPÍTULO XI

de vivir escondidos detrás de nuestras defensas, el último día de vivir en negación. No tengas miedo de descubrir el poder de la vulnerabilidad, porque ya entenderás que, sin duda, ese poder te conducirá a la experiencia de la libertad del alma.

Así que, antes de cerrar este capítulo, vamos juntos a contestarnos estas preguntas, pero con el corazón. ¿Qué significa realmente la vulnerabilidad para ti? ¿En qué momentos entiendes que te pones a la defensiva o en negación? ¿Cómo te afecta estar en negación en tus relaciones e interacciones?

CAPÍTULO XII

CAPÍTULO XII
Procesando tu dolor

Todos nos desilusionamos y experimentamos frustraciones. Lo que nos hace daño es el tiempo que nos quedamos frustrados, desilusionados y desanimados. Hay una relación entre lo que pensamos y sentimos; por lo tanto, considera cómo inviertes tus pensamientos durante el proceso de tiempos difíciles.

En la Biblia encontramos estos consejos. Proverbios 16:3 nos dice: *"Encomienda a Jehová tus obras, Y tus pensamientos serán afirmados."* Cuando ponemos en las manos del Señor nuestros asuntos y preocupaciones, nuestros pensamientos no van a divagar en dirección al temor y la preocupación.

El último día de tu pasado

Leemos en Proverbios 20:18: *"Los pensamientos con el consejo se ordenan; Y con dirección sabia se hace la guerra."* En este verso que acabamos de leer hay algo sumamente interesante y lo encontramos en la palabra "consejo". En el hebreo, el lenguaje original de esta porción de la Biblia, la palabra "consejo" es עֵצָה (etza), y está relacionada con la palabra propósito. El texto nos dice que la palabra de Dios es el consejo que necesitamos para mantener el rumbo hacia el plan y el propósito de Dios en nuestras vidas. Cuando estudiamos la Biblia necesitamos considerar los conceptos que ella presenta en su contexto original incluyendo la definición cultural.

Hablemos acerca del concepto de la fe. Para nuestra mente occidental, fe es la capacidad de creer y recibir en nuestra alma la confianza de que todo lo dicho en la Biblia es real. Ahora bien, añadiendo a lo antes dicho y expandiendo el concepto a la luz del contexto original de la fe, el pensamiento antiguo hebraico define fe como "estabilidad, firmeza y confianza. Se basa en la capacidad sobrenatural que Dios le da al hombre de saber que Él es fiel por encima de todas las circunstancias". Se llama "Emunah" (del hebreo) y es confiar en la fidelidad de Dios con la misma ayuda del Espíritu Santo. Se establece en este contexto que, nadie puede creer que Dios existe, si no es que Dios mismo se lo revela. Así que, la acción de creer en Dios no comienza con el hombre, sino con la intervención divina al abrirle sus ojos. Asimismo, el hombre experimenta la capacidad sobrenatural de confiar en Dios, porque Él es fiel a Su palabra. De aquí nace la actitud del cre-

CAPÍTULO XII

yente cuando dice que no importa lo que pase, Dios seguirá siendo Dios en su vida. El apóstol Pablo nos dice en Romanos 8 algo muy importante, si leemos detenidamente el mensaje: No hay tragedia alguna que haga que Dios se aparte de nosotros. Será parte del proceso humano sentirnos amenazados, atemorizados o angustiados, al enfrentarnos con grandes tragedias y complicaciones de la vida que no podemos entender en el momento. Pero en algún punto del proceso volveremos a encontrarnos con esta gran verdad que ha llegado a nuestra vida: Dios está con nosotros y está por nosotros. Romanos 8:37 *Antes, en todas estas cosas somos más que vencedores por medio de aquel que nos amó. 38 Por lo cual estoy seguro de que ni la muerte, ni la vida, ni ángeles, ni principados, ni potestades, ni lo presente, ni lo por venir, 39 ni lo alto, ni lo profundo, ni ninguna otra cosa creada nos podrá separar del amor de Dios, que es en Cristo Jesús Señor nuestro.*

Podemos hablar de accidentes que han causado dolor o muerte a seres queridos, donde los padres, que somos los que estamos a cargo de su cuidado, podemos sentirnos culpables. Hay hijos cautivos en las cadenas de la drogadicción o el alcoholismo. Y los padres, que están al otro lado del conflicto, están batallando contra un sentido de culpabilidad, tratando de descifrar dónde fallaron. La mente es el campo de batalla. Necesitamos enfocar nuestra mente en las cosas que tenemos que hacer en nuestro presente. Así crearemos una salida, tanto para nuestros hijos, como para nosotros mismos.

Y todo debe comenzar confiando que Dios está por nosotros. Él perdió su hijo en la cruz del Calvario por delitos y pecados que no cometió. Él sabe del dolor que nosotros, los seres humanos, enfrentamos cuando nos sentimos, tanto culpables como impotentes, ante los capítulos infernales que sufren nuestros hijos. El balance está en confiar en que nuestros hijos están en las manos de Dios. Debemos crear un espacio en nuestra devoción o rutina diaria de orar por ellos, donde nuestra alma se derrame como testimonio de total confianza en nuestro Padre Celestial. También tenemos que trabajar con nuestra mente. Muchas veces nos traiciona y nos trae imágenes de cosas que no son ciertas.

Es importante salir de la cueva y hablar con nuestros hijos acerca de cómo nos sentimos. Tenemos que mantener la vía de comunicación abierta para promover comunicación de corazón a corazón sin ningún tipo de juicio. Así, el proceso de padres e hijos se mantendrá avanzando hacia ciclos de sanidad y restauración.

La gran responsabilidad de los padres puede chocar también con las contradicciones de la vida, como cuando hijos nacen con enfermedades genéticas. Algunos padres muy especiales han tenido que manejar el reto del amor incondicional y la fe en Dios, cuando se enteran de que condiciones genéticas cambiarán todo el escenario de los sueños que tenían como padres.

CAPÍTULO XII

La noticia de que venía un bebé en camino con una condición genética que haría que el niño tuviera limitaciones en su desempeño en la sociedad, ahora es parte de un pasado que se recuerda con angustia y dolor. Ese pasado puede convertirse en un tormento y un trauma que nos dificulte criar un niño con necesidades especiales. En situaciones como esta, podemos experimentar lo que muchos llaman "pérdida ambigua". Todo padre anhela con su mente y en su corazón darle lo mejor a sus hijos. Cuando tienen un hijo con necesidades especiales, no se sienten capaces de criarlo para que sea independiente y se sienta realizado en el mañana. Se sienten responsables por esa pérdida de no poder darle a su hijo lo mejor.

Este escenario familiar se vuelve único y especial cuando confían en Dios y le dan mucho amor a su hijo y cuando se abren para concebir, en lo más profundo de su alma, que no escogieron al niño, sino que el niño fue escogido para ellos. Esto nos lleva a pensar en aquellos que necesitan interpretar el pasado para abrazar el presente, como el regalo que debe de reconocerse y celebrarse. A fin de cuentas, el presente es lo que realmente tenemos.

Te fuiste de una forma diferente
Recuerdo la noticia, en mi país, de un niño, que se lanza por un puente y muere. Cautiva la atención en nuestra sociedad la crisis mental en niños y jóvenes que los ha llevado al suicidio.

Aparte de condiciones médicas y clínicas que deben de ser atendidas por profesionales de la salud, necesitamos dar apoyo a aquellos padres que pierden hijos en esas circunstancias.

Ante la difícil situación del suicidio de un hijo, surge ese bombardeo mental. Parece que tenemos un juez insistiendo en que todo fue nuestra culpa, llevando a los padres a vivir con sentido de culpabilidad y auto condenación. Otros padres hasta se cuestionan la existencia de Dios y aún otros le reclaman por la pérdida. La culpabilidad será la batalla principal mientras reaccionamos al suicidio de un hijo, hija o cónyuge. Siempre pensaremos en lo que hicimos o lo que no hicimos para evitar la tragedia.

Esta zona de situaciones en las cuales miras hacia atrás para ver lo que pudiste haber hecho, solamente añade al tormento emocional, bloquea el camino de tu sanidad y alimenta tu sentido de culpabilidad. Cuando tratamos de suprimir o controlar la emoción, que se quiere manifestar, lo que hacemos es atormentarnos más. Claro está, el padre que está sufriendo no va a pensar así, automáticamente, en medio de su tormento. Es preferible fluir en la emoción, pero sin dejarnos controlar por ella.

Enfocarnos en el presente es el primer paso para entender lo que debemos hacer. Necesitamos encaminarnos en el proceso de nuestra sanidad. Así, todas las piezas rotas del alma comenzarán a ser restauradas. Además de buscar ayuda profesional, hay que entender que el tiempo no sana ni recons-

CAPÍTULO XII

truye nuestra vida, solo lo que comencemos a hacer hoy y mañana, lo hará.

Necesitamos conseguir a alguien que nos ayude a construir un lugar seguro para hablar. Será un proceso muy lento, pero serán tiempos de sanidad. Nada restaura más el alma como hablar y llorar. Te vas a sorprender cómo Dios comenzará a sanar tu mente e interpretarás de modo diferente la tragedia que cambió tu vida. Puertas de luz y restauración se abrirán para ti y podrás entrar a retomar tu vida, ¡una vida que ya ha sido rescatada!

En ese proceso de sanar y restaurar las vidas, ante la tragedia del suicidio en la familia, no hay nada automático ni rápido ni sencillo. El dolor experimentado y aún presente en tu alma, perderá cada día su fuerza de atormentarte, hasta convertirse en el tiempo difícil que dejaste atrás, aunque sigas abrazado al hijo, que hoy ya no está físicamente.

Si perdiste un hijo y tienes más hijos, ¡abrázalos! Así podrás desahogar tu necesidad de abrazar a ese hijo que físicamente ya no está contigo. Si perdiste a tu esposo o a tu esposa, ¡abraza a tus hijos! Ante la tragedia del suicidio, la gracia y la misericordia de Dios, no abandonarán a la víctima que decidió irse de este mundo, interrumpiendo así el plan de Dios. No juzguemos al que comete suicidio, ni olvidemos lo que dijo Pablo (paráfrasis de Romanos 8:37): Nada nos podrá separar del amor de Dios en Cristo, ni la vida ni la muerte.

Nunca olvidemos que al que conocemos como el Juez sobre todas las cosas, es también el Padre que nunca cerrará sus brazos cuando sus hijos corren a Él. Dios nos juzga en el amor que cubrirá multitud de pecados (defectos) (1 Pedro 4:8).

Las tormentas de la vida pueden ser tan peligrosas, como cuando un barco está tratando de mantener su rumbo, en un mar embravecido. La Palabra del Señor no solamente nos mostrará nuestro norte, sino que nos dará las fuerzas para atravesar y resistir todo viento contrario.

Procesar dolor y emociones literalmente, es como enfrentarnos a una tormenta y resistir su fuerza. Mientras resistimos, nos mantenemos firmes y persistimos durante el proceso. Así llevamos el calor y la intensidad del estímulo de una emoción, hasta las aguas más calmadas de nuestra estabilidad emocional.

No estoy pidiéndote que reprimas tus emociones ni que las evadas, es difícil y, además, no es sano. Puedes llorar y continuar con tu vida. Si estas pasando por momentos difíciles y te sientes como barco a la deriva, ¡resiste! Identifica y etiqueta tus emociones y sentimientos. Baja su intensidad, pero no las escondas. Decide cómo manejarlas. Resuelve la situación en el momento, si se puede o en el futuro, si no tienes ahora el control.

Por otro lado, todos tenemos nuestras formas subconscientes de evitar sentimientos desagradables. Se llaman mecanis-

CAPÍTULO XII

mos de defensa. Estos pueden entorpecer tu proceso emocional.

Te comparto algunas herramientas en forma de pequeñas asignaciones, que puedes hacer para procesar tu dolor, tus emociones y tu pasado.

1. **Reconocer que esto no es normal y que tenemos una situación:** El primer paso para resolver situaciones pasadas es reconocerlas. Negar o ignorar las circunstancias puede hacer que sea más difícil avanzar.

2. **Haz el esfuerzo de entender lo que tus emociones te están diciendo:** Tómate el tiempo para entender cómo te ha impactado la situación del pasado. Escribir un diario o hablar con un amigo o terapeuta de confianza puede ayudar a aclarar tus pensamientos y emociones.

3. **Sé un juez objetivo y justo, aunque te confrontes a ti mismo:** Trata de entender las razones detrás del problema, ya sea que involucre errores personales, malentendidos o circunstancias externas. Esto puede ayudar a dar sentido al pasado y reducir los sentimientos de culpa o resentimiento.

4. **Perdónate a ti mismo y a los demás:** El perdón no significa aceptar como correcto lo que sucedió, pero sí significa dejar de lado el control que el pasado tiene sobre ti. Este puede ser uno de los pasos más retantes, pero es importante para todo el proceso de retomar tu vida.

5. **Haz las paces cuando sea posible:** Si corresponde, comunícate con los afectados y ofrezca una disculpa o trate de hacer las paces. Esto puede ser una parte importante del proceso de sanidad y alivio.

6. **Aprender y crecer:** Utiliza la experiencia como una oportunidad de crecimiento. Cada situación puede ser una clase de transformación personal. Considere lo que ha aprendido y cómo puede aplicar ese conocimiento para evitar situaciones similares en el futuro.

7. **Enfócate en el regalo del presente:** Cuidado con obsesionarte con el pasado. El tiempo se nos va en el juego de quién tiene la razón. Acuérdate que podemos tener muchas emociones distintas, mientras tenemos un sentimiento profundo con la persona o personas involucradas en la situación.

8. **Busque ayuda profesional si es necesario:** A veces es bueno tener un equipo de profesionales que nos ayuden a salir del pozo de emociones y sentimientos que nos tienen detenidos. Buscar ayuda profesional siempre es importante para ayudarnos a navegar en este mar de escombros emocionales.

9. **Acuérdate de la compasión y la autocompasión:** Sé amable contigo mismo mientras resuelves estos problemas. No nos damos cuenta, desde cuándo estamos castigándonos por cosas que no estaban en nuestro control. Toda sanidad lleva tiempo y es importante ser paciente contigo y con los demás durante este proceso.

10. Actualiza y crea una nueva narrativa: Replantea tu pasado de una manera que te motive. En vez de verlo como algo que te define negativamente, míralo como una parte de tu historia que ha contribuido a tu crecimiento y resiliencia.

Si no quieres que las emociones y sentimientos negativos te drenen y te debiliten, los tienes que procesar. Cuando cedemos nuestra voluntad a Dios, creyendo en su poder que mora en nosotros, Él nos da la gracia de salir de toda desgracia. ¡Ese es el poder de Dios en ti y sobre ti!

Tendrás días buenos y días difíciles donde posiblemente, sientas que vas hacia atrás, en vez de progresar en dirección a la restauración de la tranquilidad de tu alma. Dios está contigo, por encima de cómo interpretes tu jornada emocional. No te quedes solo. Camina esta etapa de tu sanidad con alguien que esté a tu lado y que entienda cuando quieras estar solo. Dios siempre envía ángeles para que nos ayuden, es que no nos damos cuenta. Lo que hasta hoy ha sido difícil o imposible, para Dios es posible. Él te hará partícipe de todo este proceso.

Mantén tu espíritu abierto, aunque te sientas amenazado con encerrarte y huir de la realidad. Confía en la soberanía y el cuidado de tu Padre Celestial. El Espíritu de Dios y tu determinación de salir de este enredo emocional vendrá sobre ti,

> *Mantén tu espíritu abierto, aunque te sientas amenazado con encerrarte y huir de la realidad.*

y te cubrirá con Su poder en todo este proceso. Siempre serás testigo de tu esfuerzo y de la intervención sobrenatural del que te levanta.

Capítulo XIII

Capítulo XIII
¿Pérdida o siembra? Tú decides.

Nuestro recurso más importante, preciado y limitado es el tiempo. El tiempo pasa, pero las cosas buenas o malas que ocurrieron pueden permanecer para siempre en nuestras mentes. No podemos cambiar las cosas que han ocurrido, pero podemos transformar el modo en que nos relacionamos con lo ocurrido. Las pérdidas duelen, pero pueden ser transformadas si las reevaluamos para reinterpretar o crear una nueva narrativa, una nueva opinión de los hechos y si las vemos como una siembra que nos permitirá cosechar para nuestro crecimiento y para ayudar a otros.

Una nota especial
Lo he dicho varias veces y tú y yo lo sabemos. Aun los que han estudiado la conducta humana, psicólogos, psiquiatras

> La santidad del matrimonio hace que ambos sean una sola carne. Son uno.

y todo profesional de la salud mental, concordarán conmigo en que no hay preparación 100% efectiva para manejar la pérdida de un esposo, una esposa, un hijo o una hija. El amor de un padre y una madre son únicos e indescriptibles. La particularidad que encontramos en el amor de una esposa o un esposo y los hijos es que representan una extensión de nosotros mismos. La santidad del matrimonio hace que ambos sean una sola carne. Son uno. Por otro lado, los hijos tienen nuestra genética, nuestra sangre. Son nuestro reflejo; pequeños espejos creados por Dios, a partir de lo que somos nosotros los padres.

Cuando muere una esposa o un esposo, es como si llegáramos a una calle sin salida. En el momento no vemos que exista un futuro. Mientras va pasando el proceso, la visión, que teníamos tomados de la mano juntos, ahora es totalmente diferente. Nos vemos solos caminando una recta final.

En el caso de nuestros hijos, tenemos que adaptarnos a algo que no es natural dentro del ciclo de vida; preguntándole a Dios todos los días de nuestra vida, cómo vamos a levantarnos en la mañana y cómo vamos a lograr dormir en paz. Una vez más tenemos que aplicar el principio de reconstruir con lo que nos queda. Es muy difícil, pero necesitamos considerar este principio. En ese momento buscamos una redefinición de propósito y sentido a la vida ante el abrupto cambio que

Capítulo XIII

nos ha destrozado. Todavía seguimos caminando, sanando las heridas sin cicatrizar. Literalmente, esto es como atravesar una selva oscura, apenas siendo alumbrado con una vela o una pequeña lámpara en la mano. Es duro, difícil, frío e incierto, pero no vas a morir.

Busca un grupo de apoyo. Posiblemente, esta es tu oportunidad de extender tu legado en esta vida y de crear tu propio grupo de apoyo para personas que han tenido tu misma pérdida.

Cada vez que sufrimos tenemos que recordar que hay otra persona sufriendo igual o peor que nosotros. Si perdiste tu esposa, tu esposo, tu hijo o tu hija, hay otras personas en este planeta que han experimentado lo mismo. Te digo esto: ¡Vas a vivir! Y aún la situación más caótica puede terminar revelándote un propósito, porque en medio de esta situación vas a necesitar que, las cosas, poco a poco, te hagan sentido. En el proceso de tu restauración vas desarrollando sensibilidad, adquiriendo perspectiva y herramientas únicas, que no se pueden hallar ni en seminarios ni en libros ni en ningún curso que te prepare para enfrentarte a situaciones difíciles de la vida.

> *Aún la situación más caótica puede terminar revelándote un propósito*

El mensaje de pérdida o siembra, solamente se puede aplicar en situaciones extremas y devastadoras, como la pérdida de un hijo si:

- Se cuenta con la gracia de Dios como primera opción.
- Se busca ayuda profesional.
- Se abraza la opción de ayudar a otros que están viviendo tu mismo dolor. Haciendo esto, no solo honrarás la bendita memoria de aquellos que se nos han adelantado, sino que vas a cosechar la consolación y la sanidad que necesitas para seguir viviendo.

No quiero sonar como un optimista irracional e insensible. Mientras escribo esta parte del libro, mi corazón está con todos los que han tenido estas pérdidas y tienen todavía el corazón destrozado. Personalmente, yo no sé lo que es esta pérdida. Mi oración y mi intención es la de tratar de ayudar a todas las personas que yo pueda, con este libro. También extenderles un hilo de esperanza o abrirles una salida para que la oscuridad no sea tan densa y puedan ver hacia dónde dar el próximo paso en la recuperación de su vida.

Si este es tu caso, te envío mi corazón y un abrazo. He hecho este libro, especialmente este capítulo, pensando en personas únicas como tú. Si alguna vez me ves en algún lugar, acuérdame que leíste este capítulo y pídeme lo que te ofrecí: ¡Un fuerte abrazo!

Continuemos...
La Biblia dice en Salmos 39:4 (Reina-Valera) 1960 *[4] Hazme saber, Jehová, mi fin, Y cuánta sea la medida de mis días; Sepa yo cuán*

Capítulo XIII

frágil soy." Estamos aprendiendo a traer un balance perfecto a nuestras vidas. La verdad de la Palabra de nuestro Dios nos enseña lo importante, que es vivir vidas balanceadas, considerando lo frágil que somos y lo corta que es la vida. El hombre cree tener el control, pero no tiene control de nada. Nuestros días están en las manos de nuestro Creador.

Somos más efectivos confiando en Dios, que tratando de controlar los días que tenemos por delante. Cada vez que planifiques algo, sea para mañana o la próxima semana, recuerda siempre la frase más importante, "Si Dios lo permite".

La Palabra nos confirma que es vital que pongamos en manos de Él nuestra vida: pasado, presente y futuro. El Salmo 66:9 dice: *"Nuestra vida está en sus manos"* y el Salmo 37:5 dice: *"Pon tu vida en las manos del Señor"*. Aun cuando tu pasado ya pasó y no lo puedes cambiar, mientras tengas vida, podrás aplicar lo que has aprendido. Oro a Dios que puedas aprender a escuchar Su voz desde tu pasado, mientras te enseña grandes verdades a partir de esas ruinas de ayer, confirmándote también que siempre estuvo contigo. No olvides que tu futuro es el resultado de tu relación con tu pasado. La vida es un ciclo, pero necesitamos añadirle a esta ecuación la gracia y el favor de Dios, porque al final del día, Dios es quien tiene tu futuro en sus manos.

> No olvides que tu futuro es el resultado de tu relación con tu pasado.

Las frustraciones, las desilusiones, los sentimientos de culpabilidad y condenación y la mentalidad de víctima son, entre otras cosas, las que hacen que el pasado se perpetúe, se repita y te vuelva a robar y a herir.

Algo diferente ya nace en tu interior. Es la expectativa de un hombre o de una mujer que sabe que todo va a salir bien, porque Dios está presente.

> **No tengas temor de recordar, revivir y aprender.**

Éste es el último día de lamentarte por lo que no hiciste ayer o por la forma en que reaccionaste, por lo que perdiste o por lo que te hicieron. No tengas temor de recordar, revivir y aprender. Sé que no es una práctica muy agradable, pero créeme, es una de las mejores formas que yo mismo he experimentado para reconciliarme con mi pasado. Podríamos decir que es como un trabajo sucio que termina despertando en mí, la propuesta de la esperanza de que hoy lo puedo hacer mejor.

Si vamos a revisitar áreas de nuestro pasado donde hemos cometido grandes errores, pues definitivamente, es un trabajo sucio regresar al pasado; sucio, pero muy necesario. Ahora vas a entender por qué digo esto.

La madre del bebé muerto salió corriendo del palacio de Salomón, donde dejó parte de su vida. Salió de noche al cementerio a revisitar el lugar donde rechazó el dolor que había dentro de su alma por la muerte de su bebé. ¡Llegó el mo-

Capítulo XIII

mento de retomar su vida! La mujer tomó a su bebé y decidió enterrarlo. Tú tienes demasiada vida para seguir conectado a algo muerto. Esta relación te estaba enfermando. Te estaba matando. Te morías por dentro al rechazarte a ti mismo con tal de no aceptar lo que te ocurrió, ¡pero se acabó!

Llegó el día de salir de este velorio y de hacer lo que tienes que hacer en el cementerio. Dios dijo que estaría contigo, así que ve y entierra a tu bebé. Entierra lo que está muerto y ya pasó. Si no está vivo, no te ayudará a vivir, sino a morir.

Sana tu corazón con una nueva visión del pasado. El pasado ya pasó y, aunque está en tu mente, no lo puedes cambiar. Lo que sí puedes hacer es recibir sanidad y que tu corazón sea transformado. En esta aventura de oración, de guía divina e introspección, llena de una buena dosis de la verdad de Dios, vas a tener que decidir, aunque te duela, si consideras ciertas pérdidas como pérdidas sin ganancias o pérdidas con efectos positivos.

> Sana tu corazón con una nueva visión del pasado.

Perder sin resultados positivos te hace sentir derrotado. Cuando decidas ver una pérdida como algo que sembraste para cosechar otra cosa, tu cambio de visión cambiará tu corazón. Entonces tu fe comenzará a hacer que lo imposible sea posible.

La mujer lloró la pérdida de su bebé. Aceptó procesar el dolor. Se posicionó para que el Espíritu de Dios le ministrara y

> **Excava más allá del desánimo, más allá de tus desilusiones y tus frustraciones. Ve más profundo.**

cambiara su llanto en risa, su lamento en baile, su pérdida en siembra. Excavó el hoyo donde enterraría a su bebé. Excavó hondo para depositar su semilla y cerrar este capítulo de su pasado.

Excava, excava por ti. Excava por tu potencial. Excava porque tu esposa tiene fe en ti. Excava porque eres el héroe de tus hijos. ¡Excava! Dios necesita que descubras, cómo es que la gente de fe encuentra los tesoros escondidos, que Él mismo encerró en ellos, desde antes de la fundación del mundo. Excava más allá del desánimo, más allá de tus desilusiones y tus frustraciones. Ve más profundo.

¡Toma una decisión! Deja atrás lo que te dolió, lo que te molestó, lo que te deben. Excava y perdona, aprende y suelta. Excava ese hoyo hasta que tu pala toque una roca y sobre esa roca edifica tu casa. Cristo es la Roca inconmovible sobre la cual edificarás tu vida; una vida ya restaurada y transformada por el Espíritu de Dios.

Coloca ese bebé muerto sobre el fundamento de la verdad, que te hace libre, ¡Cristo! Si está muerto, entiérralo. El pasado ya pasó. Déjalo ir. Éste es el último día de tu relación con un pasado muerto. Conéctate con un presente fértil. Quizás pienses que ciertas cosas que has enterrado no volverán a salir. Eso depende de cuán profundo excavaste, si le echaste tierra, y si pisaste la tierra que cubrió lo que enterraste.

Capítulo XIII

Cuando quieras sentirte como la víctima, desalentado y desanimado por alguna situación, no caigas en la tentación de desenterrar el bebé. No contamines tus manos con algo muerto que pasó y no puede darte nada.

No hay peor relación que estar conectado a algo muerto, que hala, succiona y retira de ti y no le hace ningún depósito a tu vida. No contamines tus manos desenterrando algo que te costó enterrar y de lo cual aprendiste lo que ahora sabes. Aplica tu nueva sabiduría y no resucites algo que Dios ya no va a usar para bendecirte.

No caigas en la tentación de sentir que el mundo te debe algo, que han sido injustos contigo. Si enterraste esa mentalidad de víctima, no vuelvas al cementerio, a menos que vayas a pisar y compactar la tierra que usaste para enterrar a ese bebé. Pisar firme y compactar esa tierra es el pacto, que haces contigo y con Dios, cuando te sientas tentado a contaminar tus manos con algo, que ni Dios ni tú pueden usar. ¿Para qué te sirve algo muerto? Cuando estás conectado a algo muerto, participas de su muerte, y si es a algo vivo, participas de su vida. Es como el árbol y sus ramas, ambos se nutren del mismo alimento porque comparten la misma raíz.

Hay en ti raíces de eventos que no quieres recordar y que quisieras borrar. Busca en tu "teclado mental" el botón de "delete" y borra de raíz de tu registro mental y emocional aquellas cosas que no puedes creer, te hayan pasado a ti. Son relaciones codependientes que te están acabando y no sabes cómo soltarte de ellas. Esas son las relaciones que usas a veces, para huir de la realidad que resistes aceptar.

Es una tentación mirar atrás y desenterrar lo que enterraste; aquello, que tanto te dolió, que tanto te robó y en lo que, tanto creíste, hasta ser engañado. Dios te dice hoy en Su Palabra que sueltes lo que queda atrás.

Quizás no lo puedas olvidar, pero suéltalo, y proyéctate hacia adelante. Te proyectas hacia adelante cuando tienes un sueño que soñar, una visión en la cual enfocarte. Es como la fe. No puedes tener fe, si no tienes esperanza.

Así que, tienes que tener algo en qué creer y por lo cual luchar, como un nuevo plan, una nueva estrategia, un nuevo proyecto, una nueva visión; para poder soltar aquello, que no puedes olvidar, aunque ya lo enterraste. Debe ser algo tan grande y que desees tanto, que fe y expectativa te hagan correr hacia adelante. Te hagan cantar una nueva canción. Te hagan asumir una nueva actitud. Te devuelvan tu sonrisa y te restauren tu risa. Algo que te haga pensar: "Si lo logro, ¡WAO!". Será algo tan grande, que Dios te usará como ejemplo de fe.

No importa lo que tengas que perder y enterrar. A veces perder es ganar cuando es cuestión de enterrar algo que ya está muerto. Dios te da la fuerza para dejar atrás ciertas cosas, al prometerte la restitución de lo que perdiste, lo que enterraste y lo que decidiste dejar. *"... Y cambiaré su lloro en gozo,*

Capítulo XIII

y los consolaré y los alegraré de su dolor" (Jeremías 31:13). *"... Y os restituiré los años que comió la oruga, el saltón, el revoltón y la langosta... Comeréis hasta saciaros, y alabaréis el nombre de Jehová vuestro Dios, el cual hizo maravillas con vosotros; y nunca será mi pueblo avergonzado"* (Joel 2:25-26).

El apóstol Pablo en una de sus cartas escribió bajo la inspiración del Espíritu de Dios: *"Hermanos, yo mismo no pretendo haberlo ya alcanzado; pero una cosa hago: olvidando ciertamente lo que queda atrás, y extendiéndome a lo que está delante, prosigo a la meta, al premio del supremo llamamiento de Dios en Cristo Jesús"* (Filipenses 3:13-14). Ahora entiendes lo que te ha estado pasando y el por qué te ha costado tanto mantener enterrado lo que enterraste. Si no te extiendes hacia algo vivo, seguirás conectado a algo muerto, aunque lo hayas enterrado o hayas pensado que lo habías enterrado.

Si sentiste que el dolor o el maltrato te robó tu niñez, recibe a Dios como tu Padre Sanador. Si perdiste a tu esposo por divorcio o por muerte, recibe a Dios como tu marido y fiel compañero. Si perdiste un hijo, recibe a Dios como tu Consolador y tu Sanador. Dios será para ti lo que nunca tuviste. Dios proveerá lo que tus emociones necesiten recibir para levantarte una vez más.

Si perdiste un negocio y tienes miedo de comenzar otro, entra en una nueva relación de lealtad con Dios,

> **Dios proveerá lo que tus emociones necesiten recibir para levantarte una vez más.**

donde le entregues el timón de tu nueva empresa. No puedes pactar con Dios, pero puedes juramentar y prometerle lealtad a través de la profesión de fe. Imagínatelo, Él va a dirigir tu nave, que es tu empresa, y no le va a permitir naufragar, sino que la llevará a puerto seguro. ¿Cómo le vas a prometer lealtad? El apóstol Pablo te dice cómo en Romanos 10:8-11 *"⁸Mas ¿qué dice? Cerca de ti está la palabra, en tu boca y en tu corazón. Esta es la palabra de fe que predicamos: ⁹que si confesares con tu boca que Jesús es el Señor, y creyeres en tu corazón que Dios le levantó de los muertos, serás salvo. ¹⁰ Porque con el corazón se cree para justicia, pero con la boca se confiesa para salvación. ¹¹ Pues la Escritura dice: Todo aquel que en él creyere, no será avergonzado.* ¡Confiésalo con tu boca!

Si buscas primeramente a Dios, todas las cosas vendrán por añadidura. Las bendiciones te van a alcanzar y las oportunidades te van a perseguir.

¡Prepárate! Viene una lluvia de restauración y restitución hasta que veas una completa transformación en cada área que le permita a Dios obrar con Su gracia. ¡Cambiará tu lamento en baile! Te arropará con esperanza en medio de tu depresión y tu dolor. Sorprenderás a aquellos que se acostumbraron a verte estancado, triste, depresivo, pobre y desanimado. ¡Aleluya! ¡Gloria a Dios!

¿Qué vas a hacer? Si consideras lo que perdiste como una pérdida, como que te robaron, te quitaron y te engañaron, busca tu sanidad. Para sanar necesitas comenzar a ver las co-

Capítulo XIII

sas de tal manera que puedas superar el peso gravoso del pasado y lo puedas usar para bien. Lo que pasó, pasó; y no lo puedes cambiar.

Lo que sí puedes cambiar es la forma de ver y recordar las cosas. En vez de verlo como una pérdida y de verte a ti mismo en una posición de desventaja, como una víctima sin esperanza, aplica lo que has aprendido en este libro, e inaugura un nuevo comienzo. ¡Te lo mereces!

"No os acordéis de las cosas pasadas, ni traigáis a la memoria las cosas antiguas. He aquí que yo hago cosa nueva; pronto saldrá a luz; ¿no la conoceréis? Otra vez abriré camino en el desierto, y ríos en la soledad." Isaías 43:18-19

Recientemente, aprendí esta lección, y posiblemente lo hayas escuchado, pero a veces tenemos que repasar lo aprendido. Quizás hoy necesitas escucharlo nuevamente.

En chino "危机" normalmente, significa «desafío o riesgos". Hoy en día, es cada vez más popular, que la gente lo trate como dos palabras separadas. La palabra "危" significa peligro, desafío riesgo, pero "机" significa oportunidad. Así que la filosofía es la siguiente: detrás de un desafío o un riesgo habrá siempre una nueva oportunidad.

Por otro lado, en hebreo moderno la palabra "crisis" se dice "mashber (רבשמ)", que también significa "silla de parto". La sabiduría judía nos dice: Las crisis no son solo oportunidades, sino también que algo nuevo está naciendo. El rabino Rashi comentó con respecto a los dos significados de "mashber" que, "crisis" se asemeja a una mujer sentada en el "taburete de parto", pero sin fuerzas para parir. Apoyó su interpretación en 2 Reyes 19:3, *"para que le dijesen: (al profeta Isaías, añadido) Así ha dicho Ezequías: Este día es día de angustia, de reprensión y de blasfemia; porque los hijos están a punto de nacer, y la que da a luz no tiene fuerzas."* (versión RV 1960)

Es interesante ver cómo podemos extraer sabiduría de palabras que encierren una enseñanza, un aprendizaje, un estímulo que active en nosotros la motivación a ser fuertes y, no débiles; para ser resilientes en medio de los momentos de incertidumbre y dolor y crisis, que se nos presentan en la vida. La resiliencia es esa capacidad que tiene el ser humano para enfrentar cualquier adversidad sin desbalancearse; para superarse, prevalecer y resurgir renovado y restaurado, con nuevas fuerzas.

La rabina Delphine Horvilleur dijo: "La resiliencia solo surge cuando reconocemos que lo que está roto no se puede reparar. Siempre se trata de saber cómo vamos a unir los pedazos destrozados de nuestra vida para crear una historia más fuerte para los momentos de desesperanza. Una palabra maravillosa en hebreo moderno es mashber, o crisis. Estamos en el tiempo de mashber. Es un tiempo de ira y esperanza, muerte y vida. Es el nacimiento de algo nuevo y nadie sabe qué será."

Capítulo XIII

¿Qué te puedo decir? De tu pérdida, tu dolor, tu crisis, saldrá una nueva vida restaurada, un nuevo comienzo. ¡De los escombros puede surgir vida! ¡Démosle una oportunidad a un nuevo comienzo!

"Cuando todo se derrumbe,

no reacciones tan rápido.

¡Espera!

Se está pujando algo nuevo y está a punto de nacer."

Walter Agosto

CAPÍTULO XIV

¡Se acabó la cuarentena!

CAPÍTULO XIV

CAPÍTULO XIV
¡Se acabó la cuarentena!

Todo tiene su tiempo. Tiempo de abrirte al dolor. Tiempo de sentir el dolor. Tiempo de llorar. Tiempo para recibir mensajes y mensajeros del cielo, como lo es este libro para ti.

Se acabó el tiempo de enojarte. Ya te has enojado bastante. Se acabó el tiempo de sentirte traicionado, abandonado, solo y desilusionado. ¡Se acabó! Si te falta botar lágrimas, deja este libro abierto aquí, ve, por favor, y suelta esas lágrimas. Esto es necesario. Cuando termines, regresa, estaremos aquí esperándote.

Ahora es el tiempo de hacer una nueva narrativa. Con el bisturí del discernimiento separemos las emociones de los sentimientos. Aprendamos de ayer y apliquemos lo que el ciclo de la vida nos va a volver a traer.

> Ahora es el tiempo de hacer una nueva narrativa.

¡Vida, ahí vamos otra vez! No es un suspiro, sino el grito de una persona que quiere volver a amar, a creer y a soñar.

Veamos el proceso de la madre del bebe muerto:

- Se resistió a aceptar el dolor.

- Sufrió el tormento de tratar de evitar un dolor que pensaba la iba a matar.

- Sufrió una crisis de identidad.

- Pasó una etapa de su vida viviendo una mentira.

- Despertó.

- Revisitó su pasado para cerrar el ciclo.

- Enterró a su bebe.

Y ahora, ¿Qué podemos pedirle que haga? Después de un tiempo tan atropellador y frío, ella necesita tomarse un descanso y renovar sus fuerzas. Uno de los errores de muchos adultos, incluyéndome a mí, es que subestimamos la necesidad de pausar y descansar. Esta sobreviviente, la madre del bebé muerto, usó todas sus energías para romper la burbuja de un mundo inventado. Sacó fuerzas para armarse de valor y aceptar que su bebé murió y que lo que ella estuvo abrazando durante todo ese tiempo fue una mentira.

Esta mujer necesita un descanso. Durante ese descanso, renovará sus fuerzas, creará una nueva narrativa de los eventos

CAPÍTULO XIV

y asumirá su responsabilidad, si realmente desea escuchar la puerta del pasado cerrarse herméticamente.

El descanso de esta mujer me recordó el Shabbat, día de reposo que encontramos en la Biblia en el cuarto mandamiento. Después de seis días de mucho trabajo, el hombre entra en el reposo del séptimo día, en la presencia del Señor. Entra para ser renovado y comenzar un nuevo ciclo de orden, refrigerio y equilibrio que sostendrá el proceso de la restauración de su alma, con sus altas y bajas.

Este descanso será como un aislamiento necesario que llamaremos cuarentena. Cuarentena es el tiempo de aislamiento, meditación, luto y recuperación. No vas a estar toda tu vida aislado. No vas a estar el resto de tu vida meditando y pensando. De hecho, la gente que piensa demasiado en su pasado se deprime, precisamente porque piensa demasiado.

Esta mujer necesita que su mente guarde cuarentena. Con sus pensamientos revive una y otra vez el dolor que le causó la muerte de su bebé. Revivir una tragedia todo el tiempo acaba en sufrimiento. Ella sabe que puede sufrir toda la vida, pero la gran pregunta es, "¿Quiere ella realmente utilizar toda su vida para sufrir?" A estas alturas ella está aplicando lo aprendido. Ella sabe que no hay nada perfecto en el proceso, ¡pero qué maravilla! Tiene ahora en sus manos las verdades como herramientas y aunque todavía está aprendiendo, jamás repetirá las respuestas emocionales del pasado.

Ese aislamiento la prepara para sanar, reaprender y reconciliarse con su pasado hasta que llegue el gran día de reintegrarse al mundo. Estará más fuerte y será más sabia, dotada con las herramientas necesarias para enfrentar hoy, lo que ayer la hizo pedazos.

Entiendes que se acabó la cuarentena cuando logras hacer hoy lo que ayer no pudiste; cuando después del fracaso de un negocio, comienzas uno nuevo; cuando después de una relación, comienzas una nueva, con toda la sabiduría adquirida del capítulo que acabas de cerrar.

> *Entiendes que se acabó la cuarentena cuando logras hacer hoy lo que ayer no pudiste*

¡SE ACABÓ LA CUARENTENA!

Lo único seguro que tienes es el día de hoy. El presente es el regalo más extraordinario que ser humano alguno pueda tener. Dios es tu protector y no tendrás temor del mañana. La Biblia dice en Isaías 49: 14-21: *"Pero Sión (tú mismo) dijo: Me dejó Jehová, y el Señor se olvidó de mí. ¿Se olvidará la mujer de lo que dio a luz, para dejar de compadecerse del hijo de su vientre? Aunque olvide ella, yo nunca me olvidaré de ti. He aquí que en las palmas de las manos te tengo esculpida; delante de mí están siempre tus muros. Tus edificadores vendrán aprisa, tus destruidores y asoladores saldrán de ti. Alza tus ojos alrededor, y mira: todos éstos se han reunido, han venido a ti. Vivo yo, dice Jehová, que, de todos, como de vestidura de honra, serás vestida; y de ellos serás ceñida como novia. Porque tu tierra devastada, arruinada y desierta, ahora será estrecha*

CAPÍTULO XIV

por la multitud de los moradores, y tus destruidores serán apartados lejos. Aún los hijos de tu orfandad dirán a tus oídos: Estrecho es para mí este lugar; apártate para que yo more. Y dirás en tu corazón: ¿Quién me engendró éstos? Porque yo había sido privada de hijos y estaba sola, peregrina y desterrada; ¿quién, pues, crió éstos? He aquí yo había sido dejada sola: ¿dónde estaban éstos?"

Es tiempo ya de aceptar y procesar lo que tú no puedes cambiar. No puedes cambiar los eventos que ya ocurrieron, las palabras que dijiste o te dijeron, la gente, Dios, tus padres, etc. En cambio, tú sí puedes cambiar tus actitudes, tu peinado, el bajar o aumentar de peso, tu empleo, tu carro, tu casa, tus relaciones, etc. Decide si vas a continuar sufriendo las cosas que estás guardando en tu interior o las vas a procesar. Mientras más rápido las proceses, más rápido inicia tu sanidad.

Las cosas que necesitas se quedarán en ti, lo demás será eliminado. Es ahí donde se procesa esta "digestión emocional, mental y espiritual"; donde perdonas, aprendes y sueltas. Ahora no te sientes tan cargado. Tú lo sabes. Ya no te sientes deprimido, desilusionado, negativo, indispuesto. Ya eliminaste el peso de las cosas que estaban sin digerir en tu sistema. Te sientes lo suficientemente liviano para levantarte y continuar con tu vida. Vamos, ¡procésalo y levántate! ¡Tú vales mucho!

En 2 Samuel 12:19-24, en el relato bíblico del rey David, él estaba afligido por su bebé enfermo. Al enterarse de que el bebé murió, procesó el evento, lloró cuando tenía que llorar, aceptó lo que ocurrió y se levantó de aquella situación. *"Mas David, viendo a sus siervos hablar entre sí, entendió que el niño había muerto; por lo que dijo David a sus siervos: ¿Ha muerto el niño? Y ellos respondieron: Ha muerto. Entonces David se levantó de la tierra, y se lavó y se ungió, y cambió sus ropas, y entró a la casa de Jehová, y adoró. Después vino a su casa, y pidió, y le pusieron pan, y comió. Y le dijeron sus siervos: ¿Qué es esto que has hecho? Por el niño, viviendo aún, ayunabas y llorabas; y muerto él, te levantaste y comiste pan. Y él respondió: Viviendo aún el niño, yo ayunaba y lloraba, diciendo: ¿Quién sabe si Dios tendrá compasión de mí, y vivirá el niño? Mas ahora que ha muerto, ¿para qué he de ayunar? ¿Podré yo hacerlo volver? Yo voy a él, más él no volverá a mí. Y consoló David a Betsabé su mujer, y llegándose a ella durmió con ella; y ella le dio a luz un hijo, y llamó su nombre Salomón, al cual amó Jehová."*

Tenemos que aprender de David: se levantó de la tierra, se lavó, se ungió, cambió sus ropas, entró en la casa de Jehová y adoró. Consoló a Betsabé, se juntaron y la relación de intimidad en el aposento produjo un nuevo bebé, un nuevo sueño, un nuevo comienzo. ¡Se acabó la cuarentena! ¡Vamos a tener otro bebé!

¡Levántate de esa depresión! Esfuérzate en aplicar y cultivar lo que te he aconsejado en estas líneas, escritas con todo mi corazón. Dios no desea verte así nunca más y yo tengo fe de que si has llegado hasta aquí leyendo este libro, el Espíritu de Dios te ha ido fortaleciendo para esta hora. Lávate con

CAPÍTULO XIV

una dosis concentrada de la verdad de la Palabra de Dios que te limpia y te hace libre. Permítele al Espíritu de Dios "ungirte con el perfume y el ungüento sanador de Su presencia." Deja que Él respire su vida sobre ti y refresque ahora tu alma. "¡Sopla, sopla Espíritu de Dios! ¡Sopla sobre mí!"

Hoy es un nuevo día y lo que veo en ti es otro hombre u otra mujer de fe que no se rindió. Superaste lo que muchos pensaban que no superarías. Estás a punto de sacudir la expectativa de la gente y triunfar, cuando ellos esperaban verte más hundido en depresión y dolor. ¿Por qué no tener una expectativa divina en tu interior de que todo va a salir bien?

El concepto hebreo de la fe viene de la palabra "Emunah". Es un regalo de gracia que viene del cielo, con el cual Dios le da la capacidad al ser humano de creer en él y de recibir en su interior el testimonio de que Dios es fiel. "EMUNAH" (FE en el contexto original del texto hebreo), eleva el espíritu humano para descansar en Dios y reconocer Su soberanía.

¡Se acabó la cuarentena! El Espíritu de Dios estará sobre ti, como cuando revoloteaba sobre el desorden de la creación y transformó los elementos del universo de un estado caótico a uno de orden, en su más elevada función.

No te puedo decir que todo lo que has pasado fue plan de Dios. Lo que sí te puedo decir es que Dios puede cambiar toda maldición en bendición.

> **Dios puede recoger los pedazos que quedaron de tu vida y hacerte de nuevo.**

Dios puede recoger los pedazos que quedaron de tu vida y hacerte de nuevo. Puede ayudarte a que seas libre de toda condenación y culpabilidad por la tragedia del pasado. Él te dará la fuerza para aceptar tus errores, pero también te dará la iluminación y la revelación para aceptar su gracia. Así que clama a Dios, pues su oído está inclinado a toda persona afligida y oprimida.

Salmo 30 *A ti, oh, Jehová, clamaré, Y al Señor suplicaré. [9] "¿Qué provecho hay en mi muerte cuando descienda a la sepultura? ¿Te alabará el polvo? ¿Anunciará tu verdad? [10] Oye, oh, Jehová, y ten misericordia de mí; Jehová, sé tú mi ayudador. [11] Has cambiado mi lamento en baile; Desataste mi cilicio, y me ceñiste de alegría. [12] Por tanto, a ti cantaré, gloria mía, y no estaré callado. Jehová Dios mío, te alabaré para siempre."*

"La mujer cuando da a luz, tiene dolor, porque ha llegado su hora; pero después que ha dado a luz un niño, ya no se acuerda de la angustia, por el gozo de que haya nacido un hombre en el mundo." Juan 16:21(Reina Valera 1960)

Sé que hemos aprendido que no hay nada perfecto. Como soy el autor de este libro, voy a utilizar ese privilegio para darte mi definición de "perfecto". Es cuando todo lo necesario para que algo deseado ocurra, está presente. De hoy en adelante verás muchos momentos perfectos en este único proceso de restauración que comienza hoy, en el cierre de este libro.

CAPÍTULO XV

El último día de tu pasado

Capítulo XV

Capítulo XV
El último día de tu pasado

¿Has escuchado acerca de las preguntas existenciales del hombre? Hay diferentes teorías que postulan unas preguntas específicas. Me gusta la que postula las tres preguntas más cuestionadas por el hombre durante toda su vida desde el primitivo hasta el contemporáneo: ¿Quién soy?, ¿De dónde vengo?, ¿Hacia dónde voy?

La falta de sentido de propósito, el no conocer su diseño original, la forma como fuimos creados, llevan al hombre a experimentar un vacío difícil de explicar y llenar. Nadie ha podido contestar esas preguntas existenciales de manera satisfactoria ni los que se congregan ni los que no se congregan ni los religiosos ni los que no lo son. ¡Nadie! El ser humano es uno con sus mismos retos, complicaciones, temores e interrogantes.

> **Lo que tienes o lo que has perdido no define quién eres.**

No conocer el propósito de algo nos lleva al riesgo de nunca conocer su función. Así es con el ser humano, si no conoce su propósito, adoptará cualquier sugerencia de su entorno. Si no sabe quién es, aceptará que la primera persona o cualquier incidente que le suceda, le revele su identidad. ¿Sabes cuántas personas no han podido separar las cosas que le sucedieron de su auto valía, su dignidad? Lo que tienes o lo que has perdido no define quién eres. Tu identidad y tu potencial están en tu Creador, tu fuente inagotable de todo bien. Fuiste creado a imagen y semejanza de Dios. Esto significa que fuiste creado con el potencial de ser un espejo divino aquí en la tierra. El amor, la sabiduría de Dios, su compasión, su misericordia y su justicia pueden reflejarse a través del ser humano, para ser luz y así traer paz y sanidad a este mundo.

Un espejo manchado no puede hacer su función de reflejar la imagen que está al frente. Así nosotros, como espejos, hemos tenido situaciones en nuestro crecimiento (manchas) y no hemos podido manifestar o reflejar quiénes somos en el propósito puro de Dios, quien nos hizo únicos y especiales.

Una vez que mis experiencias cobren sentido puedo enfocarme en mi presente, abriéndome sin miedo a lo que Dios

Capítulo XV

tiene delante para mí. Entonces podré cerrar el ciclo, vivir el presente y abrirme al futuro.

El Salmo 139 es mi salmo favorito. Lo más que me impresionó de este salmo es cuando habla acerca de la presencia de Dios durante los 9 meses de gestación de mi mamá, mientras él me formaba en su vientre.

"[7] ¿A dónde me iré de tu Espíritu? ¿Y a dónde huiré de tu presencia? [8] Si subiere a los cielos, allí estás tú; Y si en el Seol hiciere mi estrado, he aquí, allí tú estás. [9] Si tomare las alas del alba Y habitare en el extremo del mar, [10] Aun allí me guiará tu mano, Y me asirá tu diestra. [11] Si dijere: Ciertamente las tinieblas me encubrirán; Aun la noche resplandecerá alrededor de mí. [12] Aun las tinieblas no encubren de ti, Y la noche resplandece como el día; Lo mismo te son las tinieblas que la luz. [13] Porque tú formaste mis entrañas; Tú me hiciste en el vientre de mi madre. [14] Te alabaré; porque formidables, maravillosas son tus obras; Estoy maravillado, Y mi alma lo sabe muy bien. [15] No fue encubierto de ti mi cuerpo, Bien que en oculto fui formado, Y entretejido en lo más profundo de la tierra. [16] Mi embrión vieron tus ojos, Y en tu libro estaban escritas todas aquellas cosas Que fueron luego formadas, Sin faltar una de ellas. [17] ¡Cuán preciosos me son, oh, Dios, tus pensamientos! ¡Cuán grande es la suma de ellos! [18] si los enumero, se multiplican más que la arena; Despierto, y aún estoy contigo."

Algunas versiones como la Reina Valera 1960 cita el verso 16 "Mi embrión vieron tus ojos...", otras versiones como versión LBLA dice "Tus ojos vieron mi embrión...". Comparo estas dos versiones y pareciera como si Dios y yo nos estuviésemos mirando durante los nueve meses (¡No hay imposibles para Dios!, pero realmente son los ojos de Dios los que miran al embrión.). Es un perfecto retrato de una relación de intimidad. La versión TLA dice que Dios me vio desnudo y yo no tenía ninguna clase de vergüenza. No había culpa ni rechazo ni miedo ni ira; solo estaba el Espíritu de Dios, aceptándome, celebrándome y reconociéndome. ¡Lo habías anotado en tu libro! dice el verso 16 del salmo 139 (versión TLA).

Al nacer, si este patrón relacional de aceptación, celebración y reconocimiento se interrumpe, el bebé, aunque no entienda, lo va a sufrir. El propósito de Dios es establecer en la creación el concepto de valor basado en reconocimiento; lo que se valora, se reconoce. Si los padres no estamos entrenados para cubrir esta necesidad o para darle continuidad a lo que Dios estaba haciendo durante los nueve meses en el vientre de la madre con este niño, nuestra ignorancia pudiese ser la raíz del trauma del niño. O sea, que la aceptación, celebración y dignidad que el niño en el vientre recibe de Dios durante nueve meses, no la recibe al nacer. La ignorancia de los padres la interrumpe.

Hay necesidades que nunca serán suplidas fuera de la presencia de Dios. Tenemos que regresar a Su presencia. Es como regresar al vientre donde fuimos formados. Ahí vamos a retomar la obra original del Creador en nuestra vida, la formación del diseño original, el propósito por el cual nos trajo a

Capítulo XV

este mundo. Dios te creó y dentro de ti hay una necesidad que desconoces, y es la de conocer a tu Creador mientras conoces sus mandamientos. Salmos 119:73 *"Tus manos me hicieron y me formaron; Hazme entender, y aprenderé tus mandamientos."* Los mandamientos de Dios y el mismo Espíritu de Dios te abrirán los ojos para que puedas ver al que miraba tu embrión.

Los golpes que hemos recibido en la vida han interrumpido el crecimiento y desarrollo de este ser humano que fue creado para ser luz, para hacer bien y para traer sanidad. Ahora es todo lo contrario, necesitamos luz, necesitamos que nos hagan el bien y necesitamos ser sanados. Muchos de nosotros jamás conoceremos a profundidad realmente, quiénes somos y para qué estamos en esta tierra. El gran tesoro de quién soy y para qué estoy aquí está enterrado y escondido debajo de escombros emocionales. Estos se han ido acumulando desde la primera vez, que tuvimos que, reaccionar ante situaciones, que nos hicieron sentir acorralados y en peligro.

Hay veces que vamos a la memoria y visitamos nuestro pasado y terminamos con lágrimas de alegría o carcajadas o compartiendo hermosas anécdotas con nuestras amistades. El pasado no es negativo en sí. Negativas son las cosas que nos ocurrieron en el pasado y que jamás hubiésemos pensado que nos afectarían a tal punto, que limitarían nuestro desempeño hoy. ¿Por qué muchos de nosotros quisiéramos dar marcha atrás al reloj? Muchos deseamos esta solicitud. Todavía lamentamos lo que hicimos y los resultados de nuestras decisiones. Vivimos frustrados porque no podemos cambiar el pasado y son las mismas frustraciones que nos cargan y hacen que nuestro presente sea un problema y, no un regalo. Cuando logremos resolver las frustraciones que nacieron en eventos específicos, podremos cerrar la fuente que alimenta este sentimiento negativo. Entonces cada uno podrá decir: "¡Este será el último día de la frustración de mi pasado!" No me puede frustrar algo que aprendí y que hoy es mi herramienta para enfrentarme a los gigantes del presente.

Leamos las palabras de David cuando salió a enfrentar al gigante Goliat en 1 Samuel 17:31-40, *"³¹ Fueron oídas las palabras que David había dicho, y las refirieron delante de Saúl; y él lo hizo venir. ³² Y dijo David a Saúl: No desmaye el corazón de ninguno a causa de él; tu siervo irá y peleará contra este filisteo. ³³ dijo Saúl a David: No podrás tú ir contra aquel filisteo, para pelear con él; porque tú eres muchacho, y él un hombre de guerra desde su juventud. ³⁴ David respondió a Saúl: Tu siervo era pastor de las ovejas de su padre; y cuando venía un león, o un oso, y tomaba algún cordero de la manada, ³⁵ salía yo tras él, y lo hería, y lo libraba de su boca; y si se levantaba contra mí, yo le echaba mano de la quijada, y lo hería y lo mataba. ³⁶ Fuese león, fuese oso, tu siervo lo mataba; y este filisteo incircunciso será como uno de ellos, porque ha provocado al ejército del Dios viviente. ³⁷ Añadió David: Jehová, que me ha librado de las garras del león y de las garras del oso, él también me librará de la mano de este filisteo. Y dijo Saúl a David: Ve, y Jehová esté contigo. ³⁸ Y Saúl vistió a David con sus ropas, y puso sobre su cabeza un casco de bronce, y le armó de coraza. ³⁹ Y ciñó David su espada sobre*

Capítulo XV

sus vestidos, y probó a andar, porque nunca había hecho la prueba. Y dijo David a Saúl: Yo no puedo andar con esto, porque nunca lo practiqué. Y David echó de sí aquellas cosas. [40] *Y tomó su cayado en su mano, y escogió cinco piedras lisas del arroyo, y las puso en el saco pastoril, en el zurrón que traía, y tomó su honda en su mano, y se fue hacia el filisteo."*

Voy a repetir lo que te acabo de decir antes de leer esta porción bíblica, "No me puede frustrar algo que aprendí y que hoy es mi herramienta para enfrentar los gigantes del presente". Aprendí a hacer una nueva narrativa de mi pasado y la lección aprendida se convirtió en piedras y honda. Hasta que no extraigas una lección de tu pasado, que te dé las herramientas y armas para conquistarlo y enfrentarte a tu presente; tu pasado será una fuente abierta alimentando frustración, amargura, ira, temor, que acabará poco a poco con tu vida.

> El último día de tu pasado significa que el proceso de aprendizaje y sanidad transformó todo para bien y la fuente que estuvo alimentando todo lo que te afectaba, ¡cerró!

El último día de tu pasado significa que el proceso de aprendizaje y sanidad transformó todo para bien y la fuente que estuvo alimentando todo lo que te afectaba, ¡cerró!

Fueron muchos los recuerdos, los eventos y las situaciones que marcaron y formaron nuestra vida de una forma u otra. Cada uno de ellos tendrá un tiempo donde serán simplemente recuerdos, que nos hicieron sentir miedo, nos hicieron sentir amenazados. Pero luego serán transformados en experiencias que traerán a nuestras vidas las grandes verdades que incluyen desde amarme, celebrarme, reconocerme, hasta descubrir que Dios estuvo conmigo todo el tiempo.

Uno de los versos más citado del apóstol Pablo es Romanos 8:28, *"Y sabemos que a los que aman a Dios, todas las cosas les ayudan a bien, esto es, a los que conforme a su propósito son llamados."* Esta verdad bíblica confirma muchas lecciones de vida que todos hemos tenido. Lo que parece una complicación y un gran problema, termina siendo un plan divino a nuestro favor, y, sobre todo, para nuestro bien. Hay un concepto científico llamado Post Traumatic Growth (PTG), en español se llama "Crecimiento Postraumático" (PTG). Se refiere a los cambios psicológicos positivos que pueden resultar de circunstancias difíciles de la vida. Crecimiento postraumático sugiere que las personas pueden experimentar crecimiento en diferentes áreas de su vida: emocional, espiritual y social. Y después de superar las dificultades pueden también renovar una actitud de agradecimiento por la vida. También hay un principio conocido secularmente como "El principio del rayo de esperanza" ("The silver lining principle"). Este principio nace en una metáfora y de ella nace la frase que nos ayuda a redirigir nuestros pensamientos en tiempos difíciles, *"Cada nube tiene un lado positivo"*. Esta frase anuncia la esperanza de algo positivo en cada situación adversa. Cuando observamos una nube y notamos que tiene bordes brillantes y un tono platea-

Capítulo XV

do es porque el sol está detrás de ella. Para los que tenemos confianza en que Dios nos escucha en el tiempo difícil, hay algo más que la esperanza de algo positivo.

Fíjate que, plata, tiene un significado en la Biblia muy importante para nosotros. Plata simboliza redención. Encontramos un mandamiento que Dios le da a los hebreos cuando están construyendo el tabernáculo en el desierto. El tabernáculo era una tienda o carpa que representaba un templo temporero, mientras llegaban a la tierra prometida, donde al fin construirían el templo en Jerusalén. Para la construcción del tabernáculo se le pidió a cada hebreo que donara una moneda de plata. Leamos Éxodo 30:11-16 (VRVA) *[11] El Señor habló a Moisés diciendo: [12] "Cuando hagan el censo para obtener el número de los hijos de Israel, según los que sean contados de ellos, cada uno dará al Señor el rescate por su persona. Así no habrá mortandad entre ellos, cuando hayan sido contados. [13] Esto dará todo el que sea contado: la mitad de la moneda del santuario. Esta moneda tiene diez gramos de plata. Cinco gramos de plata será la ofrenda alzada para el SEÑOR. [14] Cada uno que sea contado, de veinte años para arriba, dará esta ofrenda alzada para el Señor. [15] Al entregar la ofrenda alzada para el Señor a fin de hacer expiación por sus personas, el rico no dará más ni el pobre dará menos de cinco gramos de plata. [16] Tomarás de los hijos de Israel el dinero de las expiaciones y lo darás para el servicio del tabernáculo de reunión. Ello será para que los hijos de Israel se acuerden, delante del SEÑOR, de hacer expiación por sus personas".*

Plata significa redención. Redención significa recuperación, salvación, comprar de nuevo, volver a poseer. Por consiguiente, nuestro caminar con Dios trasciende más allá de simplemente la esperanza de algo positivo. En Dios hay algo más grande que, "el principio del rayo de esperanza". Se llama la fidelidad de Dios.

Es imposible dejar fuera de este tema, el gran momento en que José, el príncipe de Egipto, fue traicionado por sus hermanos. Ellos quisieron matarlo, pero terminaron vendiéndolo como esclavo a Egipto. José no permitió que la amargura cegara su mente y siempre se mantuvo meditando en la soberanía de Dios. En cada capítulo de su vida hubo alta traición, calumnias y pruebas difíciles, pero las enfrentó confiando en Dios, aunque no entendía todos los detalles. Dios lo promovía y lo honraba. Él se movía hacia adelante en el curso de un plan que estaba escondido detrás de situaciones comunes muy humanas que todos experimentamos. Detrás de las experiencias humanas negativas en las que nos hemos sentido traicionados, calumniados, malinterpretados, abandonados, hay encerrada la oportunidad de nosotros confiar en la soberanía de Dios para movernos hacia adelante. Al hacerlo, evitamos quedarnos en las tinieblas que experimentamos, cuando la crueldad del mundo golpea nuestra fragilidad humana y no entendemos por qué. Fue tanto el dolor y el trauma para la familia, que Jacob, el papá de José, vivió toda su vida en luto pensando que, su hijo había muerto. Sus hermanos vivieron bajo la ansiedad de la culpabilidad y la condenación

Capítulo XV

por el mal que le habían hecho a José. Muchas veces pensamos en lo que nos ocurrió en nuestra crianza. No nos damos cuenta de que nosotros somos el producto y el resultado de traumas colectivos, generacionales, familiares; y el ciclo de la vida está esperando que alguien detenga toda esta maldición. Eso fue lo que hizo José.

En todo el proceso de su vida, José no se detuvo. Confiar en la soberanía de Dios y perdonar, lo mantuvo caminando en el curso de un gran plan dirigido por Dios. Donde hay perdón, ahí está Dios. Él no se mueve en el ámbito donde las personas reclaman la razón. Dios se mueve en el lugar donde la gente, abrazando la posibilidad de reconciliación y sanidad, confiere el regalo del perdón.

> **Donde hay perdón, ahí está Dios.**

Dios está en medio de las almas que están perdonando a los demás, porque ellas también reconocen su necesidad de perdón. Dios está en medio del que extiende la mano al oprimido, porque se acordó del día que alguien le extendió la mano a él. Dios está en medio de aquellos que descubren que este es el tiempo de hacer una nueva narrativa de la vida. Este es el tiempo de reinterpretar los eventos y liberar a aquellos que hemos juzgado y condenado y a los que nos han juzgado y condenado. Nuestras vidas han sido como un campo minado, pero la presencia del Señor nunca nos ha dejado y hasta aquí nos ha traído. Somos sobrevivientes, pero tenemos que mirar atrás.

Necesitamos:

- Volver a mirar lo que dejamos atrás para apagar toda brasa encendida que debía haberse apagado hace mucho.

- Familiarizarnos con nuestras emociones.

- Identificar desde qué nivel de conciencia nos relacionamos con nosotros mismos y con nuestro entorno.

- Aprender de las lecciones, aplicarlas y ser libres.

¿Libres para qué? Libres para abrazar el regalo del presente, el aquí, el ahora. Todo es parte del proceso que hará que nuestra vida pueda experimentar todos los días, **el último día de su pasado.** Esto no es un evento. El aprender a relacionarnos con todo lo que ha ocurrido en el pasado es un estilo de vida. Tenemos hoy de frente el regalo del tiempo y escogemos dárselo a los que, amamos y anhelamos que siempre estén con nosotros.

Las palabras de José en Génesis 50:20-22 (RVC) [20] *"Ustedes pensaron hacerme mal, pero Dios cambió todo para bien, para hacer lo que hoy vemos, que es darle vida a mucha gente.* [21] *Así que no tengan miedo. Yo les daré de comer a ustedes y a sus hijos.» Y los consoló, pues les habló con mucho cariño.* [22] *Y José vivió en Egipto, junto con la familia de su padre, y llegó a la edad de ciento diez años."* Sería interesante escuchar el discurso de los patriarcas y la versión de José del "último día de su pasado.". Aquí vemos que el principio de la esperanza apenas describe lo que él experimentó, la fidelidad de Dios.

Capítulo XV

Escuché un gran discurso de graduación que impactó mi vida. En el discurso, el Pastor Rick Warren les decía a los graduandos (parafraseado y traducido del inglés): Siempre me han impactado las últimas palabras de personas, con las que estuve al lado de su cama, mientras tomaban su último aliento. Lo que la gente dice en sus últimos momentos es muy importante. La gente que está muriendo, no pierde su tiempo y va directo al grano. En sus últimas palabras nadie me ha dicho: Pastor Rick, tráeme mis trofeos que quiero mirarlos una vez más o tráeme mi certificado de graduación de la universidad porque quiero verlo una vez más. Cuando la gente se está muriendo y sabe que su tiempo es corto, lo que quieren en su habitación no son cosas, trofeos o logros, lo que quieren es a las personas que aman. Eventualmente, todos nos damos cuenta de que todo se trata de amor. Todo es cuestión de relaciones. Solo oro para que lo descubras mucho antes de morir. No se trata de logros. No se trata de fama y fortuna ni de tus sueños o metas. Pablo dice que sin amor no soy nada y vengo a ser como metal que resuena o címbalo que retiñe. Si no tengo amor, de nada me sirve. *(Universidad Oral Roberts, Discurso de graduación: Rick Warren, mayo 2024)*

Tenemos que trascender y entender que el mensaje de salvación, con la garantía de vida eterna, no es solamente para el alma. Es también para que vivamos 70, 80 o 100 años aquí en la tierra, trasmitiéndole a nuestros hijos, cada minuto, cada segundo, cada hora de nuestra vida, el amor de Dios y la oportunidad de ser restaurados para conocerse y conocer a Dios. No es parte del plan de Dios que vivas un infierno en la tierra, para luego consolarte de que vas a estar en la presencia de Dios por toda la eternidad.

¿Pero qué hemos hecho? Nos hemos conformado con lo mínimo. Nos hemos acostumbrado a la batalla diaria y no pensamos que necesitamos ayuda. Creemos que estamos bien. Lo que no sabemos es que nos hemos acostumbrado a vivir por debajo de lo que realmente somos.

El Espíritu de Dios te va a guiar para comenzar todo un proceso de restauración en tu vida. Tú sabes lo que has sentido y lo que sientes. Sabes cómo las emociones y los sentimientos han traído confusión y en muchas ocasiones mensajes encontrados. Todo esto ocurre porque no estamos familiarizados con nuestras emociones, con nuestros sentimientos y necesitamos comenzar esta jornada, si no la has comenzado aún.

Así que, te invito a que hagas esta oración conmigo, en el cierre de este libro y en el comienzo de un nuevo día para TI.

"Padre Celestial, me presento delante de ti. Gracias por Tu presencia y gracias por darme acceso a Tu trono. Te pido que me guíes en estos primeros pasos de mi jornada emocional y espiritual. Abre mis ojos y hazme entender la función de mis emociones. Abre mis oídos espirituales y emocionales para comprender lo que mis emociones me están diciendo. Muéstrame la raíz de mis miedos, de mi enojo. Padre enséñame el origen de la amargura, de la insatisfacción y la ausencia de Tu paz, que me impide vivir a plenitud como tú deseas que yo viva. Así como mis pulmones se llenan de aire, necesito que mi alma se llene de Tu presencia y de tu paz. Así como tu sagrado nombre es YHVH, cuya pronunciación describe cómo soplas aliento de vida sobre el hombre (Yah – Weh), sopla sobre mi vida las fuerzas para levantarme, mientras me llevas al nuevo comienzo de mi vida y al último día de mi pasado. Reverentemente, te doy las gracias, en el nombre de Yeshua (Jesús). Amén."

No dejes de leer este libro una y otra vez.

Tu no encontraste este libro.

Este libro llegó a ti.

Un abrazo a todo el que lo necesite.

Nos veremos en la próxima jornada.

Agradecimientos Especiales
"pero os he llamado amigos..."
(Juan 15:15)

Quiero agradecer con todo mi corazón la ayuda incondicional de Nélida Hernández y Myrna Sostre. Largas horas, días, tardes y muchas, muchas noches corrigiendo la sintaxis y la gramática de mi primer bebé literario y de esta nueva edición revisada. Gracias por creer en mí y en este proyecto de fe que tocará a miles y miles de personas, con el poder sanador del Espíritu del Señor.

El toque profesional, pero sobre todo la dedicación de mi artista gráfico (my brother) Félix Agosto Jr., creador de la carátula de esta versión. Gracias "bro", te amo.

Gracias al artista gráfico Alberto Rodríguez, por su pasión y horas de trabajo creando imágenes que transmiten lo que quiero expresar.

Mil gracias al artista gráfico Mario Gallegos, desde México apareció un ángel, gracias por decir heme aquí Señor y tus horas en el trabajo de formatear este libro, mil abrazos mi amigo y mi hermano.

Gracias a mi coach de salud (health coach) Angela Carrasquilla, por ayudarme a darle gracias a Dios por el "gordito" y por ser mi guía profesional en mi proceso de transformación holística.

Gracias a la hermosa congregación de Catedral de la Fe de Puerto Rico, por ser paciente conmigo y concederme el honor de ser su pastor.

Gracias a mi hijo Walter jr. por siempre hacerme creer que, soy lo máximo, cada vez que se refiere a mí. Él dice que, yo soy su héroe.

Gracias a mi hija Stephanie (Chufa), por apoyarme en este proyecto, creando páginas de internet sin saber, buscando la forma de cómo desarrollarlo para que su papá pudiera hacer realidad su sueño, "su bebé".

Gracias a mi perrita Perla, por quedarse, literalmente, paralizada mirándome, esperando la hora de yo acostarme, suplicándome, ¡vámonos a mimir, porfa!

Gracias a mi reina, Maritza Cardona de Agosto, la mujer de mi vida. La nobleza de tu corazón me ha enseñado la importancia de servir a los demás y de trabajar sin cesar. Gracias por esperarme a las tantas de la madrugada creyendo en mi llamado y en este proyecto. Te amo, mi reina.

Gracias al Eterno, el Dios todopoderoso, creador de todas las cosas. Gracias por darme la vida y la sabiduría para todo lo que has puesto en mis manos hacer. ¡Padre tuya es toda la gloria!

Gracias Yeshua, mi Señor, por enseñarme que, brazos extendidos dicen más que mil palabras. ¡Mi amado, seguiré siempre tus pasos, esperando tu regreso!

Para pedidos del libro y conferencias

walteragosto.org

o nos puedes escribir a

walteragostobooks@gmail.com

Referencias

Cacioppo, J. T., & Freberg, L. (2013). Discovering Psychology: The Science of Mind. Cengage Learning.

Hawkins, D. R. (2021). The map of consciousness explained. Hay House.

Hawkins, David R. Power vs. Force. 2021 ed., Hay House.

Horvilleur, D. (2017). En vitesse. París, Francia: Grasset.

Lockman Foundation. (2010). La Biblia de las Américas. Lockman Foundation.

Maturana, H. (2012). Emociones y lenguaje en educación y política. (pp. 15-36). Ediciones Granica.

Plutchik, R. (2001). The nature of emotions: A new look at theories of basic emotions. Emotion, 1(3), 184-201. https://doi.org/10.1037/1528-3542.1.3.184

Reappraisal on Well-Being. The Journal of Positive Psychology, 16(1), 45-54. https://doi.org/10.1080/17439760.2020.1799503

Sefaria. (n.d.). Rashi's commentary on the Tanakh. Sefaria. https://www.sefaria.org/Rashi_on_Tanakh

Skwarchuk, S. L., & Ravel, A. (2021). Finding the Silver Lining: The Impact of Positive Sociedad Bíblica. (2020). La Santa Biblia: Reina-Valera 1960 (Ed. Revisada). Sociedades Bíblicas Unidas.

Sørensen, J. R., & Mellemkjær, L. (2021). The Role of Social Support in Posttraumatic Growth: A Systematic Review and Meta-Analysis. Trauma, Violence, & Abuse, 22(1), 61-75. https://doi.org/10.1177/1524838018760383

Swindoll, C. (2023) Life Is 10% What Happens to You and 90% How You React. Thomas Nelson Publishers Tyng, C. M., Amin, H. U., Saad, M. N. M., & Malik, A. S. (2017). The influences of emotion on learning and memory. Frontiers in Psychology, 8, 1454. https://doi.org/10.3389/fpsyg.2017.01454 YouTube. (2014). Graduation 2024 | Commencement Address: Rick Warren [Video]. https://www.youtube.com/watch?v=TJ4K5WFWIuw

www.ingramcontent.com/pod-product-compliance
Lightning Source LLC
Chambersburg PA
CBHW070336240426
43665CB00045B/2116